Kösel

Reli

Unterrichtswerk für katholische Religionslehre
an Hauptschulen in den Klassen 5–9

Herausgegeben von
Prof. Dr. Georg Hilger und Prof. Dr. Elisabeth Reil

Reli 6
Erarbeitet von Elisabeth Stork, Annet Brink, Christofer Stock und Diane Weber

Zugelassen durch die Lehrbuchkommission
der Deutschen Bischofskonferenz

ISBN 3-466-50632-8

1. Auflage 1999

unter Berücksichtigung der Rechtschreibreform.

© 1999 by Kösel-Verlag GmbH & Co., München.
Printed in Germany.

Alle Rechte vorbehalten. Das Werk und seine Teile sind urheberrechtlich geschützt.
Jede Verwertung in anderen als den gesetzlich zugelassenen Fällen bedarf deshalb der vorherigen schriftlichen Einwilligung des Verlags.

Satz: Kösel-Verlag, München.
Herstellung: Ute Hausleiter, Zell.
Druck und Bindung: Kösel, Kempten.
Illustration: Eva Amode, München.
Notensatz: Christa Pfletschinger, München.
Umschlagentwurf: Kaselow-Design, München.

Der Kösel-Verlag ist Mitglied im »Verlagsring Religionsunterricht« (VRU).

Unterrichtswerk für katholische Religionslehre
an Hauptschulen in den Klassen 5–9

Herausgegeben von
Prof. Dr. Georg Hilger und Prof. Dr. Elisabeth Reil

Erarbeitet von
Elisabeth Stork (verantwortlich)
Annet Brink
Christofer Stock
Diane Weber

Kösel

Inhaltsverzeichnis

1 Von Gott in Bildern sprechen ... 7
Themenseite ... 8
Ideenseite ... 10
Bilder von Gott, die Angst machen können ... 12
Bilder der Nähe Gottes in der Bibel ... 14
Gott: gute Mutter, guter Vater ... 16
Der dreieinige Gott: Vater, Sohn, Heiliger Geist ... 18
Bilderverbot und Gottesbilder ... 20
Du bist der ICH-BIN-DA ... 22

2 Christengemeinden entstehen ... 23
Themenseite ... 24
Ideenseite ... 26
Paulus wurde Christ ... 28
Die Priscilla-Katakombe ... 30
Staatliche Maßnahmen gegenüber Christen im Römerreich ... 32
Das Christentum kam über die Alpen ... 34
Vom Wirken der benediktinischen Mönche ... 36
Steckbriefe: christliche Persönlichkeiten ... 38
Wenn viele gemeinsam träumen ... 40

3 Zeit vertreiben – Zeit gestalten ... 41
Themenseite ... 42
Ideenseite ... 44
In der Gegenwart leben ... 46
Zeit und Ewigkeit ... 48
Wie Medien wirken ... 50
Mit Medien umgehen ... 52
Freie Zeit, einmal anders! ... 54
Zeit messen – Zeit erleben ... 56
Im Land der Freizeit ... 58

Geschichten der Befreiung ... 59
Themenseite ... 60
Ideenseite ... 62
Vergiss nicht, was er dir Gutes getan hat ... 64
Von einer Rettung erzählen ... 66
Die Befreiungsgeschichte wird weitererzählt..
  ...und ist noch nicht zu Ende ... 68
Der Bund mit Gott ... 70
Eine Befreiungsgeschichte aus
  unserem Jahrhundert ... 72

Orientierung finden ... 73
Themenseite ... 74
Ideenseite ... 76
Rollen annehmen und gestalten ... 78
Wege, die die Bibel weist ... 80
Gewissen: eine Gewissheit, die frei macht ... 82
Das Gewissen bilden ... 84
...damit ich frei bin ... 86

In Symbolen Welt und Gott entdecken ... 87
Themenseite ... 88
Ideenseite ... 90
Offen werden für Gott ... 92
Wasser macht lebendig ... 94
Wir brauchen Brot zum Leben ... 96
Unterwegs sein ... 98
Verschiedene Sprachen sprechen ... 100
Wo das Leben sich verdichtet ... 102
Symbole sprechen an ... 104

Gemeinsam Werte ins Bild rücken ... 105
Projektideen ... 106

Lexikon ... 110
Register der biblischen Zitate und der Stichworte ... 118
Text- und Bildnachweis ... 119

Liebe Schülerinnen, liebe Schüler,

in eurem Religionsbuch findet ihr Bilder, Lieder und Texte zum Nachdenken, Wissenswertes und viele Anregungen für den Unterricht. Das Buch will euch also nicht einfach fertiges Wissen vorlegen. Es will euch ermutigen, euren gemeinsamen Lernweg selbstständig zu suchen und will zu einem interessanten Religionsunterricht beitragen.

Damit ihr euch leicht zurechtfinden könnt, findet ihr hier eine Übersicht über den Aufbau der Kapitel:

Die **Titelseite** öffnet mit einem Bild gleichsam das Fenster zum Thema.

Die **Themenseite** will einen ersten Überblick geben über das, was im Kapitel entfaltet wird. Hier könnt ihr sehen, was zum Thema gehört.

Auf den **Ideenseiten** findet ihr viele Anregungen, wie ihr euren Lernweg gestalten könnt. Manche beziehen sich auf Bilder oder Texte des Kapitels; andere geben euch noch weitere Impulse. Nicht alle lassen sich in jeder Gruppe gleich gut verwirklichen. Prüft, welche Ideen euch beim Lernen weiterhelfen.

Auf mehreren **Deuteseiten** erfahrt ihr, welche Bedeutung das Thema für den Glauben hat oder was die Bibel dazu sagt und wie man in der Kirche früher und heute darüber gedacht hat. Auf diesen Seiten begegnen euch auch Zeugnisse von Künstlern oder Schriftstellerinnen.

Die **Infoseiten** halten das fest, was interessant und wissenswert ist.

Die **Stellungnahmen** möchten euch dazu anregen, die verschiedenen Meinungen, Deutungen und Informationen zu vergleichen und zu überprüfen. Schließlich sollt ihr euch klar darüber werden, welchen Weg ihr gegangen seid, welche Einstellungen ihr gewonnen habt und welche Schlüsse ihr nun daraus für euch selbst ziehen wollt.

Im **Lexikon** hinten im Buch werden vor allem wichtige Begriffe erklärt. Aus Bildern und kurzen Texten erfahrt ihr interessante Hintergründe. Die Stichworte, die ihr im Lexikon finden könnt, sind in den Kapiteln durch ein Sternchen gekennzeichnet, z.B. Dreieinigkeit*.

Euer Schulbuchteam von Reli 6

Die Herausgeberin und der Herausgeber

Von Gott in Bildern sprechen 1

Du sollst dir kein...

Gott ist für mich wie ein Opa-Gott
Das ist ein harmloser alter Mann mit weißem Haar und langem Bart, der nicht so richtig in unsere Zeit passt.

Gott ist für mich wie ein Aufpasser-Gott
Das ist der Gott, der uns ständig beobachtet, ob wir etwas falsch machen. Vor ihm haben manche Angst.

Gott ist für mich wie ein »Wie du mir, so ich dir«-Gott
Mit diesem Gott wollen wir handeln, damit er uns beschützt, den wollen wir mit guten Taten gnädig stimmen. Wenn wir gut sind, belohnt er uns, wenn wir Böses tun, bestraft er uns.

Der Fischvogel, die Fischkuh und der Fischmensch
In einem Teich lebten ein Fisch und eine Kaulquappe. Doch eines Tages war aus der Kaulquappe ein Frosch geworden. Der hüpfte ans Ufer und verschwand auf der Wiese. Woche um Woche verging. Eines Tages war der Frosch wieder da.
»Wo bist du gewesen?« fragte der Fisch aufgeregt.
»Ich bin an Land gewesen und habe seltsame Sachen gesehen«, sagte der Frosch.
»Was denn?«, fragte der Fisch.
»Bunte Vögel, die in der Luft fliegen, und Kühe mit Hörnern, die mit vier

»Ich glaube nicht an Gott, denn ich kann nur etwas glauben, was ich sehen, fühlen und hören kann. Gott kann man nicht sehen!«
17-jähriger Hauptschüler

Gott ist die Li...

Gottesbild machen.
Ex 20,4

Gott begegnet uns auch vermummt.
Dietrich Bonhoeffer

Bis ihr grau werdet, will ich euch tragen.
Jes 46,14

Gott sei Dank ist Gott nicht so, wie die Mehrzahl der Katholiken sich Gott vorstellt.
Karl Rahner

> Lieber Gott!
> Unser Lehrer sagt, wir sollten an den Menschen schreiben, den wir am liebsten haben. Deshalb schreibe ich an dich, auch wenn du nicht antworten kannst, wie ich glaube, und kein Mensch bist. Aber ich wollte trotzdem schreiben. So, das ist im Augenblick alles.
>
> In Liebe
> deine Katharina

> Lieber Gott!
> Sind Jungen besser als Mädchen?
> Ich weiß, du bist ein Junge, sei fair!
> Deine Gisela

> Lieber Gott!
> Mein Freund Gerd sagt, du machst alle Blumen. Ich glaube nicht daran. Oder stimmt es doch?
> Beste Wünsche, Walter

Beinen auf der Wiese stehen und Gras fressen. Und Menschen, die Kleider tragen und Hüte auf den Köpfen haben.« Der Fisch hatte nun lauter aufregende Bilder im Kopf. Er stellte sich das so vor: Fische, die Flügel hatten und in der Luft flogen, Fische mit vier Beinen, die auf der Wiese standen und Gras fraßen, und Fische, die aufrecht auf zwei Beinen gingen und Hüte aufhatten.
»Ich muss sie sehen!«, dachte der Fisch und sprang ans Ufer. Er wäre jämmerlich verendet, wenn ihn der Frosch nicht rechtzeitig gesehen und ins Wasser zurückgeschubst hätte. Dort war seine Welt. Fisch ist Fisch.
nach Leo Lionni

»Wenn es heißt, Gott hat die Welt geschaffen, dann hätte er es bestimmt nicht so weit kommen lassen, wie die Welt heute ist. All die Grausamkeit und so weiter. Wenn man nur mal an die Kriege denkt, an Naturkatastrophen, Unfälle, Krankheiten, Unglück im Allgemeinen..., ich könnte diese Reihe noch eine Stunde fortsetzen. Bei solchen Sachen kann ich beim besten Willen nicht an Gott glauben, und deshalb sage ich auch: Gott – was soll's?; denn er nützt ja sowieso nichts.«
14-jährige Schülerin

1 Joh 4,8

Fischvogel? Fischkuh? Fischmensch?

In der Fabel ◀8f wird vom Fisch im Teich erzählt. Er hat seine eigenen Vorstellungen vom Vogel, von der Kuh und von den Menschen entwickelt. Woher bilden wir Menschen uns unsere Vorstellungen von Gott?

Einen Brief an Gott schicken

Gisela, Katharina und Walter haben Briefe an den lieben Gott geschrieben. ◀9 Kannst du aus ihren Briefen ihre Vorstellung von Gott herauslesen?
Schreib doch selber mal einen Brief an Gott.

Deine Fragen stellen

Wer hat Gott erschaffen?
Wird Gott nie sterben?
Gibt es Gott wirklich?
Wieso heißt Gott Gott?
Das sind Fragen, die Jugendliche und Erwachsene beim Nachdenken über Gott gestellt haben.
Welche Fragen hast du? Schreibe sie auf Zettel. Klebt eure Zettel auf ein Plakat!

Künstlerin und Künstler sein

Schau dir das Bild ◀7 eine Weile an und lass die Farben auf dich wirken.
Du kannst das Bild probehalber verändern. Das geht so: Nimm ein weißes Blatt, leg es auf das Bild, zeichne mit einem Bleistift am Innenrand der gerundeten Form vorsichtig nach und schneide die Form dann aus.
Welche Farbe willst du ihr geben?
Lege deine farbige Form auf das Bild im Religionsbuch.
Was hat sich verändert?
Der Maler Rupprecht Geiger aus München ist ein Meister der Farbe. Hat er mit seinem Bild wohl etwas von Gott ausdrücken können?
Siehst du einen Zusammenhang mit dem Verbot, sich ein Bild von Gott zu machen?

Gottesbilder sichten

Warum ist der katholische Theologe Karl Rahner froh, dass Gott nicht so ist, wie viele Katholiken sich Gott vorstellen? Sucht Antworten auf Themenseite ▶8f.◀ und im ganzen Kapitel. Vielleicht helfen euch die Zeichnungen ▶8◀.

Mein Gottesbild?

Auf  findest du drei Vorstellungen, die sich Menschen von Gott machen. Sicher gibt es noch mehr. Welche Vorstellungen hast du? Erzählt euch davon und befragt euch anschließend dazu.
Von wem habe ich mein Bild von Gott?

Ein Gott-Plakat gestalten

Ich glaube an Gott, weil ...
Ich glaube nicht an Gott, weil ...
Gott stelle ich mir vor wie ...
Wenn ich das Wort Gott höre, denke ich an ...
Wähle einen oder zwei Satzanfänge aus und schreibe dazu etwas auf einen Papierstreifen.
Du kannst auch ein Bild malen.
Gestaltet aus den Sätzen und Bildern gemeinsam ein Plakat, schaut es euch in Ruhe an.
Wenn ihr mögt, tauscht euch darüber aus.

In der Wüste sitzen

Wenn du eine Weile den Holzschnitt zu Elija ▶14◀ betrachtet hast, kannst du dich sicher in Elija hineinversetzen.
Dazu nimmst du am besten seine Körperhaltung ein und spürst nach, wie du dich fühlst. Kannst du dir eine Situation vorstellen, in der ein Mensch so dasitzt?
In der Schulbibel findest du Gründe, warum Elija in die Wüste ging (1Kön 19,1-13a). Was wird ihm durch den Kopf gegangen sein?

Bilder von Gott, die Angst machen können

Gottes Augen

Ihr Nachtgebet mit gefalteten Händen. Wann hat Sabine damit angefangen? An irgendeinem Abend vor langer Zeit. Sie spricht es nicht, denkt es nur. *Müde bin ich geh zur Ruh'*, wenn sie's vergisst, fehlt etwas. Sie kann nicht einschlafen. Das ist so wichtig wie Kopfkissen-Zurechtboxen und Bettdecke-über-die-Schulter-Ziehen. *Schließe beide Augen zu.* Ihre Augen sind offen, und doch ist es, als wären sie geschlossen, um sie herum ist alles dunkel. Sie denkt an nichts dabei, denkt an die Worte *Vater lass die Augen dein* Abend für Abend... gedacht sind es nur noch Worte ohne Sinn... *über meinem Bette sein.* Vaters Augen waren schmal und zornig heute Mittag, als sie wieder einmal die Quittung für den Einschreibebrief verloren hatte. Hastig denkt Sabine weiter... weg, ihr zornigen Vateraugen... *Hab ich Unrecht heut getan...* auf einmal bekommen die gedankenlos gedachten Worte Inhalt, füllen sich mit Leben wie Kleidungsstücke an einem Körper. Sabine hat die Quittung nicht verloren, sie hat ganz und gar vergessen, überhaupt eine zu verlangen. *Hab ich Unrecht heut getan...* Sie kommt nicht weiter, wiederholt. *Vater lass die Augen dein über meinem Bette sein...* und Vaters Augen werden zu Gottes Augen, Sabine liegt auf dem Rücken mit gefalteten Händen, und das warme Bett ist kein Schutz gegen die kalte Furcht vor diesen Augen, die sie sich vorstellt und die sie sieht, da, über sich in der Dunkelheit. Gottes Riesenaugen. Die sind über ihrem Bett und sehen sie an. Schwarze Pupillen wie bodenlose Löcher, blauestes Heißersommerhimmelblau, eisiges Schneeweiß mit roten Feueradern und drumherum Wimpern, wispernd wie Schilfbüschel. Sabine in ihrem Bett dreht sich nach rechts, dreht sich nach links, weg mit diesen Augen, aber sie folgen ihr, wach und aufmerksam, schließen sich nicht, Gottes furchtbare Augen schließen sich nie, sie werden da sein, über ihr, die ganze Nacht, auch wenn sie schläft. *Hab ich Unrecht heut getan, sieh es, lieber Gott, nicht an*, sieh es nicht an, ganz von selbst geht das Gebet weiter in ihrem Kopf und vertreibt Gottes unheimliche Augen und mit ihnen Sabines schreckliche Angst.

◇ Suche die Gottesbilder aus der Erzählung heraus, die Sabine Angst machen! Beobachte, wie sich diese Bilder im zweiten Teil der Geschichte verändern!

◇ Schreibe oder erzähle die Geschichte neu: Stell dir vor, Sabine hat an diesem Tag nur Schönes erlebt. Welche Bilder von Gott könnten ihr beim Nachtgebet in den Sinn kommen?

◇ Sabine merkt, sie wird erwachsen. Was bedeutet das für ihre Bilder von Gott?

Gottes Augen, ach, Gott hat keine Augen wie ein Mensch. Überhaupt ist er ganz anders. Denkt auch keine Menschengedanken. Plötzlich ist es, als hinge Sabine selbst kopfüber wie eine Fledermaus über ihrem Bett. Da unten liegt sie im Dunkeln, ein kleines Mädchen, das sich bemüht zu begreifen, zu verstehen. Gott ist überall. Ist nie fort, ist immer da, ist... Sieht nicht mit Menschenaugen und sieht doch. Weiß nicht mit Menschenwissen und weiß doch, weiß alles, bevor Sabine nur einen einzigen Gedanken fassen kann, weiß er schon. Aber Gott. Gott ist Gott. Er versteht alles. Weil er versteht, verzeiht er alles. Gott versteht, dass Sabine wegen der Quittung gelogen hat, weil sie Angst hatte. Ob Gott Angst hat? Nein. Gott hat keine Angst, aber er hat sie geschaffen, die Angst, denn Gott hat alles geschaffen. Also kennt er die Angst und er kennt Sabine. Also verzeiht er Sabine. Oder? Oh, Gott. Heillos verwirren sich Sabines Gedanken, sie begreift und versteht immer weniger, je mehr sie nachdenkt. Sie ist so müde davon, versucht nichts mehr zu denken, weder Gott noch sonst etwas, gar nichts. »Ich kann es nicht begreifen, weil ich... ich bin ein Kind. Ich werde erwachsen«, denkt sie noch und kuschelt sich in der warmen Geborgenheit ihres Bettes zurecht, »dann...«

Susanne Kilian

Bilder der Nähe Gottes

Richard Seewald, Der Prophet Elija am Bach Kerit

Ein Engel rührte Elija an und sprach: Steh auf und iss! Als er um sich blickte, sah er neben seinem Kopf Brot, das in glühender Asche gebacken war, und einen Krug mit Wasser. Er aß und trank und legte sich wieder hin. Doch der Engel des Herrn kam zum zweiten Mal, rührte ihn an und sprach: Steh auf und iss! Sonst ist der Weg zu weit für dich. Da stand er auf, aß und trank und wanderte, durch diese Speise gestärkt, vierzig Tage und vierzig Nächte bis zum Gottesberg Horeb. Dort begab er sich in eine Höhle, um darin zu übernachten.
Doch das Wort des Herrn erging an ihn: Was willst du hier, Elija?
Er sprach: Mit leidenschaftlichem Eifer bin ich für den Herrn, den Gott der Heere, eingetreten, weil die Israeliten deinen Bund verlassen, deine Altäre zerstört und deine Propheten mit dem Schwert getötet haben.
Ich allein bin übrig geblieben, und nun trachten sie auch mir nach dem Leben.
Der Herr antwortete: Komm heraus und stell dich auf den Berg vor den Herrn!
Da zog der Herr vorüber: Ein starker, heftiger Sturm, der die Berge zerriss und die Felsen zerbrach, ging dem Herrn voraus.
Doch der Herr war nicht im Sturm.
Nach dem Sturm kam ein Erdbeben.
Doch der Herr war nicht im Erdbeben.
Nach dem Beben kam ein Feuer.
Doch der Herr war nicht im Feuer.
Nach dem Feuer kam ein sanftes, leises Säuseln.
Als Elija es hörte, hüllte er sein Gesicht in den Mantel, trat hinaus und stellte sich an den Eingang der Höhle.   1 Kön 19,5b-13

◇ Kannst du dir die Situationen, die Elija erlebt, vorstellen?
Versuche entsprechende Bilder zu malen.
Ihr könnt Sturm, Erdbeben, Feuer und leises Säuseln auch als Geräusche darstellen.

n der Bibel

Der Treue
Jahwe ist ein barmherziger und gnädiger Gott, langmütig und reich an Treue.
Ex 34,6

Mutter und Vater
Ich war für sie wie Eltern, die den Säugling an ihre Wangen heben.
Hos 11,4

Adler
Gott hüllte ihn ein und gab auf ihn Acht und hütete ihn wie seinen Augenstern, wie der Adler, der sein Nest beschützt.
Dtn 32,11

Einheit
Wer mich sieht, sieht den Vater.
Joh 14,9

Gastgeber
Selig, wer im Reich Gottes am Mahl teilnimmt.
nach Lk 14,15-24

Mt 7,7
Mk 2,17

◇ Hier findest du einige der vielen Bildworte aus der Bibel. In ihnen wird umschrieben, wie Gott für sein Volk da ist.

◇ Suche dir ein Bild aus und formuliere einen Gebetssatz! Wenn du andere Bildworte kennst oder in der Bibel nachschlagen möchtest, kannst du auch eines davon benutzen.

◇ Jesus lehrt die Jünger/innen, zum guten Vater zu beten. Er nennt ihn vertrauensvoll Abba*. Was sagen die einzelnen Bitten des Vaterunser über Gott aus?

◇ Betet das Vaterunser »mit dem ganzen Körper«. Überlegt und erprobt, wie ihr die Verse darstellen könnt. Ihr könnt das Vaterunser auch singen und den Text dabei mit »Körpersprache« ausdrücken und beten.

Gott: gute Mutter, guter Vater

Sie kommt

Sie kommt, gütig wie eine Mutter
und neigt sich, zu berühren und zu heilen.
Liebend schenkt sie ihr Herz
jenen, die nichts empfinden.

Sie kommt, zuverlässig wie eine Arbeiterin
um zu säen, zu mähen und zu spinnen.
Mit gebeugtem Rücken fährt sie gemeinsam
mit anderen die Ernte ein.

Sie kommt, freudig wie eine Künstlerin
um zu schaffen, zu formen und zu ersinnen.
Aus ihren Händen wächst
ein freies und schönes Werk.

Sie kommt, bescheiden wie ein Kind
und in ihren Augen ist Vertrauen.
Alles Leben erscheint ihnen
erstaunlich und wunderbar.

Sie kommt, fürsorglich wie eine Schwester,
deren Stärke uns trägt und verbindet.
Gerechtigkeit ist ihre Rede
Friede ist ihr Gedanke.

Mächtig kommt sie wie die Nacht
und herrlich wie der Tag.
Ihre Herrschaft ist im Herzen der Dinge.
Oh komm und bleibe bei uns.

Kathy Galloway

◇ Ersetzt das »Sie« im Gedicht oben durch »Gott«. Ändert sich der Text?

◇ Stell dir vor, du könntest der Dichterin schreiben: Welche Strophe findest du schwierig? Welche gefällt dir?

◇ Die indische Künstlerin Lucy D'Souza hat mit dem Bild ▶17 die weibliche Seite Gottes darstellen wollen.
Es mag dir fremd sein, dass Gott so dargestellt wird. Doch das Alte und auch das Neue Testament sprechen auch von einer weiblichen Seite Gottes ◀15.
Bildet Gruppen! Jede Gruppe betrachtet einen Teil des Bildes (die Mitte spart ihr aus).
Beschreibt euer Bild! Beachtet dabei die Formen und Farben. Wo findet ihr die weibliche Seite Gottes?
Nehmt euch genügend Zeit zum Betrachten!
Gebt eurem Bildabschnitt eine Überschrift!

◇ Kannst du das Gemälde ▶17 mit den Sprachbildern im Gedicht oben in Beziehung setzen?

◇ Singt das Lied ▶17 im Kanon. Ihr könnt weitere Strophen mit euren eigenen Gottesbildern ergänzen.

Lucy D'Souza, 1990, 180 x 270 cm

Gott ist mehr

T: nach Johannes Paul I.
M: Kontakte-Musikverlag

Gott ist Vater und mehr mehr viel mehr.

Gott ist uns Mutter mehr mehr viel mehr.

Der dreieinige Gott: Vater, Sohn, Heiliger Geist

Das Gebet, das viele wohl als Erstes gelernt haben und das sie durch das Leben begleitet, ist das Kreuzzeichen. Oft machen wir es ohne viel nachzudenken. Es ist aber die Zusammenfassung und das Bekenntnis des christlichen Gottesglaubens. Wenn Christinnen und Christen das Kreuzzeichen machen, bekennen sie den dreifaltigen Gott:

Im Namen des Vaters – Gott, wie ein guter Vater **über** uns
und des Sohnes – Jesus, unser Bruder, Gott **mit** uns
und des heiligen Geistes – der heilige Geist, Gottes Kraft und Liebe **in** uns

Menschen haben immer wieder versucht, das Geheimnis der Dreieinigkeit* genauer zu verstehen und auch darzustellen. Künstler haben dazu Dreieck und Kreis als Gottessymbole gestaltet. Der Kreis hat keinen Anfang und kein Ende, er ruht in sich und kann sich trotzdem kreisend bewegen. Auf dem Bild ◀ 7 siehst du eine kreisähnliche Form, leuchtend gelb wie den Schein einer Sonne. Die Fläche innen ist grau. – Gott, der Ursprung des Lichtes, ist unsichtbar. Wir spüren aber seine Energie.
Anders das Bild rechts 19 ▶. Es zeigt ein glutrotes Feuerrad, im Inneren den Menschen und seine Welt. Das Flammenrad trägt das Gesicht von Gott Sohn und Gott Vater. Das Wehen des Geistes bringt Leben und Bewegung in die Welt. – Gott wird sichtbar durch das, was er geschaffen hat. Er umfängt die ganze Welt und trägt sie in seinem Innern.

»Wie ein Kreis das einschließt, was in ihm verborgen ist,
so schließt auch Gott alles in sich – und übertrifft doch alles.«

Hildegard von Bingen

◇ Du kannst noch viele Einzelheiten auf dem Bild 19 ▶ entdecken: Welche Lebewesen findest du außer dem Menschen? Wie sind die vier Elemente (Erde, Wasser, Luft, Feuer) dargestellt? Wie wird Gottes Zuwendung zur Welt ausgedrückt?

◇ Die drei Schlusssteine links verbinden das Symbol des Kreises und des Dreiecks. Beschreibe sie ganz genau! Was sagen sie über den dreieinigen Gott aus?

Herr, guter Gott, dein Geist weht, wo du willst.
Du hast uns deine Macht gezeigt in Jesus Christus
und willst nun alle Welt aus deinem Geist erneuern.
Du schenkst ihn uns, du schenkst ihn ohne Maß.
Herr, guter Gott, dein Geist weht, wo du willst.
Wir sehen seine Spur, wir hören seine Stimme.
Er weht uns Menschen an in Frieden, in der Freude,
im guten Wort, selbst in dem Schrei der Not.

Herr, guter Gott, dein Geist weht, wo du willst.
Er ist wie sanfter Wind und wie des Sturmes Brausen,
dringt ein mit aller Macht ins Innerste der Menschen,
löst ihre Angst, bricht auf das Herz von Stein.
Herr, guter Gott, dein Geist weht, wo du willst.
Geheimnisvoll kommt er; wohin er geht, sieht niemand.
In dieser Macht zerbricht die Enge unseres Denkens;
denn Freiheit ist, wo uns dein Geist erfasst.

Konrad Sandmeyer

Nach einer Vision der Hildegard von Bingen, 1163–73/74, 332 x 230 mm

Bilderverbot und Gottesbilder

Bilderverbot

Das Judentum scheut sich, Gott im Bild darzustellen. Die Juden halten sich nämlich an das Gebot: »*Du sollst dir kein Gottesbild machen*« (Ex 20,4). Damit wollten sich die Israeliten vom Glauben ihrer Nachbarvölker abgrenzen. Die haben ihre Götter in Bildern und Statuen verehrt. Die Geschichte vom Goldenen Kalb (Ex 32) zeigt, wie schwer es auch den Israeliten gefallen ist, das Bilderverbot einzuhalten.

Auch im Islam herrscht ein striktes Bilderverbot. Die Moscheen sind darum mit anderen Verzierungen, besonders mit kunstvollen Schriftzügen, reichhaltig geschmückt.

Auch die frühe Kirche hat sich an das Bilderverbot gehalten. Erst im 8. Jahrhundert wurde auf einem Konzil geklärt, dass Jesus Christus als Mensch das sichtbare Bild Gottes ist und deshalb im Bild dargestellt werden darf. Wer ihn sieht, sieht den Vater.

Ob auch Gottvater im Bild dargestellt werden darf, ist in der Kirche nicht eindeutig geklärt. Über tausend Jahre gab es keine Gottvater-Bilder in der Kirche.

Bilderstreit

In der Geschichte der Christenheit tauchte immer wieder die Frage auf, ob man Jesus Christus und die Heiligen bildlich darstellen und diese Bilder verehren darf oder ob das schon Götzendienst ist. Darüber wurde oft heftig gestritten und sogar Krieg geführt. Manchmal ordneten Kaiser die Entfernung und Zerstörung der heiligen Bilder an. Als Reaktion darauf haben Päpste die Bilderfeinde aus der Kirche ausgeschlossen.

Der letzte große »Bildersturm« ereignete sich in der Zeit der Reformation im 16. Jahrhundert. Dabei wurden viele Kunstwerke zerstört.

Die katholische Kirche hat vom 8. Jahrhundert an die Bilderverehrung zugelassen.

Dabei muss man unterscheiden: Wenn Menschen vor einem Bild beten, verehren sie nicht das Bild als Bild, sondern das Bild unterstützt sie, ihre Gedanken zu sammeln und zu Gott zu beten. Das Bild kann sie an Gottes Taten erinnern, so wie ein Erinnerungsfoto sie an einen lieben Menschen erinnert. Das Bild verweist dann auf Gott, der sich durch Jesus Christus gezeigt hat.

Hildegard von Bingen

Hildegard (1098-1179) war Benediktinernonne und gründete zwei Klöster in Bingen und Eibingen bei Rüdesheim am Rhein. Sie verfasste Bücher über den Glauben und über die Naturwissenschaften. Berühmt wurde sie vor allem wegen ihrer bildreichen Visionen vom Kosmos und dem Zusammenhang der irdischen und himmlischen Welt, die nach ihren Anweisungen gemalt wurden . Ganz ungewöhnlich für eine Frau ihrer Zeit, unternahm sie weite Vortragsreisen und predigte auf Marktplätzen, in Kirchen und Klöstern. Ihre Reisen, die sie stets zu Pferde unternahm, führten sie bis nach Bamberg.

Hildegard war so berühmt, dass sogar Kaiser und Päpste bei ihr Rat suchten.

Jahwe

Jahwe ist der Name Gottes bei den Israeliten. In der Erzählung vom brennenden Dornbusch (Ex 3,14) fragt Mose Gott nach seinem Namen. Dort in der Wüste offenbart sich Gott als Jahwe. Das kann man übersetzen mit: »Ich bin für euch da«. Der Name sagt, dass Gott der ist,
der schon da war, als er sein Volk rettete,
der jetzt und heute für uns da ist
und in alle Zukunft für uns da sein wird.
Der Name in hebräischen Schriftzeichen:

יהוה JAHWE

Der hebräische Name für Gott heißt übersetzt:
»Ich bin der Ich-bin-da«

Das Wort *Jahwe* ist auch in dem Namen *Jesus* enthalten. *Jesus* kommt von *Jeschua* und bedeutet »Jahwe ist Heil«.

Baal

Baal-Gottheiten waren im alten Orient Wetter- und Fruchtbarkeitsgottheiten. Man verehrte sie an Quellen, heiligen Bäumen, Berggipfeln und Felsen. Das Wort bedeutet »Besitzer«, »Herr«. Sie galten als Herren der betreffenden Orte.
Ihre Verehrung war bei den orientalischen Völkern weit verbreitet, jedoch nicht bei den Israeliten. Israelitische Propheten (z.B. Elija) haben das Volk in eindrucksvollen Predigten vor dem Baals-Kult gewarnt und sie ständig an den Jahwe-Glauben erinnert.

Ich bin der ICH-BIN-DA

T: Alois Albrecht
M: Ludger Edelkötter

1. Ich bin der »Ich-bin-da«.

Ich wer-de für euch da-sein.

Ich ge-be Zu-kunft euch,

Zu-kunft und Hoff-nung.

2. Ich bin der Ich-bin-Leben. Ich werde euch bewegen. / Ich gebe Zukunft euch, Zukunft und Hoffnung.
3. Ich bin der Ich-bin-Licht. Ich werde euch entflammen. /
4. Ich bin der Ich-bin-Kraft. Ich werde euch bestärken. /
5. Ich bin der Ich-bin-Mut. Ich werde mit euch wagen. /
6. Ich bin der Ich-bin-Weg. Ich werde euch begleiten. /
7. Ich bin der Ich-bin-Trost. Ich werde mit euch trauern. /

Elija

Elija war ein Prophet* im Alten Testament. Sein Name sagt schon, was der Prophet in sein Land hinausrief und wofür er stritt: »Eli – Jahu« bedeutet: »Mein Gott ist Jahwe«. Elija wurde von Königin Isebel und König Ahab gefürchtet und verfolgt (im 9. Jh. v. Chr.). Er hatte den Mut, ihre Verbrechen anzuklagen (vgl. 1 Kön 21) und fand es unerträglich, dass unter diesem Königspaar auch der Kult des Gottes Baal im Norden Israels fortleben konnte. Elija kämpfte dafür, dass der Gott, der Israel aus der Sklaverei in Ägypten gerettet hatte, der alleinige Gott Israels ist. Jahwe kann keinen anderen Gott neben sich haben: Er allein ist der Gott Israels. Es ging darum, ob Israel seinem Gott treu bleiben wollte oder nicht.

»Chaim, was bist du überhaupt heute zum Gottesdienst gekommen, und was betest du so eifrig? Du hast doch gesagt, du glaubst nicht an Gott!«
»Das ist wahr, ich glaube nicht an ihn. Aber weiß ich denn, ob ich Recht habe?«

Jüdischer Witz

Du bist der ICH-BIN-DA

T: Rolf Krenzer
M: Ludger Edelkötter

Eine Legende erzählt, dass der Heilige Augustinus einmal am Strand entlangwanderte und über den Dreieinigen Gott nachdachte. Dort traf er ein Kind, das mit einem Löffel Meerwasser in eine kleine Grube am Strand füllte.
Der Gelehrte: »Was tust du da?«
Das Kind: »Ich schöpfe das Meer in diese Grube.«
Der Gelehrte: »Das ist aussichtslos; niemals wirst du den unendlichen Ozean ausschöpfen können.«
Das Kind: »Und genauso ist es unmöglich, das unfassbare Geheimnis Gott durch menschliche Vernunft zu ergründen.«

2. Du bist gestern und morgen,
   nah und verborgen.
   Du bist der Ich-bin-da.

3. Du bist laut und ganz leise,
   Hunger und Speise.
   Du bist der Ich-bin-da.

4. Du bist Arche und Steuer,
   Wasser und Feuer.
   Du bist der Ich-bin-da.

5. Du bist Sehnsucht und Friede,
   Treue und Liebe.
   Du bist der Ich-bin-da.

6. Lasst uns loben und preisen,
   Ihm Ehre erweisen.
   Hal-le-lu-ja.

7. Hallelu-halleluja
   Halle-halleluja
   Hal-le-lu-ja.

◇ Bedenke die kleine Geschichte von Augustinus! Was sagt sie über Gott aus? Findest du ähnliche Aussagen in diesem Kapitel?

◇ Kannst du über den jüdischen Witz schmunzeln? Warum? Warum nicht? Sprecht darüber!

◇ Welche Gottesbilder kommen in diesem Lied zum Ausdruck? Wähle eines aus, das dir jetzt zusagt. Welche Farben würdest du wählen, um deinem Gefühl Ausdruck zu verleihen?

◇ Findest du in diesem Kapitel Darstellungen, die Ähnlichkeit mit der Aussage deines Bildes haben?

◇ Blättere in Ruhe noch einmal das Kapitel durch und suche dir das Bild oder Sprachbild für Gott aus, das dich momentan am meisten anspricht. Überlege dir dann, was dieses Bild über deine Beziehung zu Gott ausdrückt. Versuche deine Beziehung zu Gott in Worte zu fassen oder in einer Zeichnung auszudrücken. Daraus kann auch ein Gebet entstehen. Später könnt ihr eure Gebete und Bilder zu einem Leporello zusammenkleben.

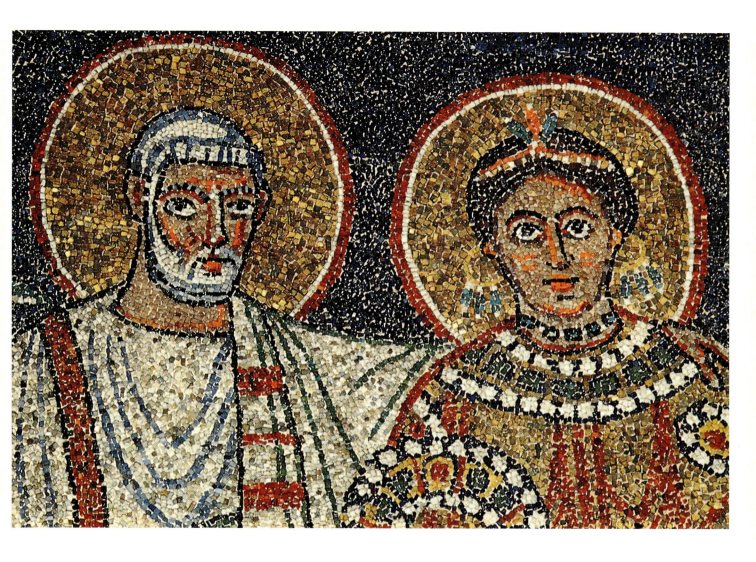

Christengemeinden entstehen

2

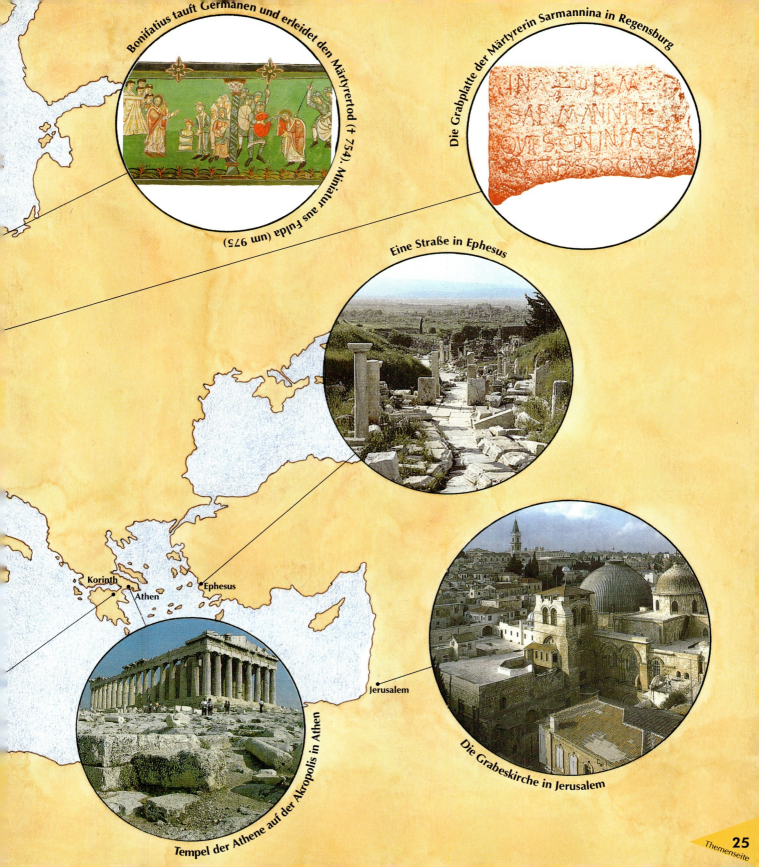

Sich einen Überblick verschaffen

Auf der Themenseite **24 f.** findest du Orte, die für die Anfänge des Christentums bedeutsam waren. Schlagt sie in einem Lexikon nach und erzählt euch gegenseitig, was ihr herausgefunden habt.
Du bekommst einen guten Überblick, wenn du mit deiner Gruppe eure Ergebnisse in die Zeitleiste in deinem Klassenzimmer einträgst.
Im Laufe des Unterrichts zu diesem Kapitel könnt ihr wichtige Jahreszahlen markieren und mit Texten und Bildern illustrieren. Ihr könnt euch auch in euren Geschichtsbüchern informieren oder den Fachlehrer befragen!

Quellen erforschen

Es gibt viele schriftliche Zeugnisse darüber, wie es den Christen im Römerreich ergangen ist.
Einige findest du **32 f.**

Von den Anfängen berichten

Die Christen haben ihren Glauben von Anfang an auf das Zeugnis der Apostel, der Jüngerinnen und Jünger gestützt. Wähle ein Beispiel aus, lies in der Schulbibel nach und berichte den anderen darüber:
Mt 28,1-8: Die Auferstehung von Jesus
Apg 2,1-42: Die Sendung des Geistes an Pfingsten
Apg 6,1-7: Die Wahl der Sieben
Apg 7,51-60: Die Steinigung des Stephanus

Deinen Diözesanpatron kennen lernen

Auf der Karte findest du alle bayerischen Diözesen*.
In welcher Diözese lebst du?
Erkundigt euch über den Schutzpatron* eurer Diözese:
Wer ist es?
Wann hat er gelebt?
Was hat er getan und bewirkt?
Wird er mit bestimmten Symbolen dargestellt?
Werden in eurer Diözese vielleicht mehrere Patrone verehrt?
Je nachdem, wie viele Informationen ihr zusammengetragen habt, könnt ihr ein Plakat oder sogar eine kleine Ausstellung gestalten.

Einen heiligen Ort wählen

Das Foto zeigt das Kloster Weltenburg an der Donau. Es gab für die Mönche gute Gründe, die Klosteranlage an diesem Ort zu errichten. Welche Gründe für den Klosterbau in dieser Lage fallen euch ein?

Eine Aufgabe im Kloster finden

Auf 37 findest du die Skizze eines großen Benediktinerklosters. »Ora et labora«, das heißt »bete und arbeite«, ist ein wichtiger Grundsatz der Benediktiner. Finde heraus, welche Berufe die Mönche ausgeübt haben, damit das Zusammenleben und das Wirken in der Welt möglich waren.
Welche Aufgabe hättest du gern übernommen, wenn du in einem solchen Kloster Nonne oder Mönch gewesen wärst?

Das bayerische Herzogtum im 8. Jahrhundert

Diözesen in Bayern von heute und damals vergleichen

Zwischen 740 und 778 wurden in Altbayern 29 Klöster gegründet. Einige sind auf dieser Karte verzeichnet.
Wenn du diesen Kartenausschnitt mit den heutigen bayerischen Bistümern (Diözesen*) und den Staatsgrenzen vergleichst 26, wirst du einige Unterschiede entdecken können.

Paulus wurde Christ

Er, der uns einst verfolgte, verkündigt jetzt den Glauben, den er früher vernichten wollte.

Gal 1,23

Die Berufung des Paulus zum Christentum ist von vielen Künstlern gemalt worden.

◇ Betrachte das Bild **29** und beschreibe es. Beachte dabei vor allem, wie der Maler das Licht eingesetzt hat. Welchen Moment hat er dargestellt? Die Erzählung, auf die dieses Bild zurückgeht, findest du in Apg 9,1-31.

◇ Paulus selbst hat in einem Brief darüber geschrieben: Gal 1,13-20.
Wenn ihr genau vergleicht, könnt ihr Unterschiede zwischen den Texten und dem Gemälde feststellen.

◇ Paulus hat sich gewandelt und ein neues Leben als Christ begonnen. Wie würdest du eine solche Wandlung gestalten? Du kannst sie auch nur mit Farben ausdrücken.

Vom Leben der ersten Christen

Und alle, die gläubig geworden waren, bildeten eine Gemeinschaft und hatten alles gemeinsam. Sie verkauften Hab und Gut und gaben davon allen, jedem so viel, wie er nötig hatte.
Tag für Tag verharrten sie einmütig im Tempel, brachen in ihren Häusern das Brot und hielten miteinander Mahl in Freude und Einfalt des Herzens.
Sie lobten Gott und waren beim ganzen Volk beliebt.

Apg 2,44-46

◇ In folgenden Texten der Schulbibel kannst du Genaueres über das Leben der ersten Christen herausfinden: Was taten sie? Wie dachten sie?
Apg 4,32-37
1 Kor 1,10-13
1 Thess 5,12-22
Informiert euch in Gruppen und berichtet euch gegenseitig.

◇ In der Erzählung »Die Priscilla-Katakombe« **30** wird ein frühes Glaubensbekenntnis genannt. Wer findet es heraus?

Caravaggio, 1601, 230 x 175 cm

Die Priscilla-Katakombe

Eine Erzählung über Leben und Sterben der Christen im alten Rom

Im Norden von Rom, dort wo die Salzstraße, die Via Salaria, vom Meer in die Sabiner Berge hinaufführt, lag die Villa des Manius Acilius und seiner Frau Priscilla. Die Familie der Acilier war vornehm und reich. Man erzählt sich, dass Acilius und Priscilla ihren Reichtum aber nicht für sich behielten, denn sie waren Christen geworden.

Das Brotbrechen. Fresko in der zentralen Nische der Priscilla-Katakombe.

Eine Dienerin von Priscilla hatte ihnen von Jesus und seiner Botschaft erzählt. Es machte sie froh, dass Jesus alle Menschen liebte und dass er sie nicht dem Tod überlassen würde. Das war eine große Hoffnung für die Menschen im römischen Staat, in dem das Leben der Armen wenig galt und in dem auch die Reichen und Angesehenen nicht sicher waren vor der Willkür des Kaisers. Acilius und Priscilla setzten ihr Vertrauen auf das Bekenntnis der ersten Christen: *Wenn du mit deinem Mund bekennst: »Jesus ist der Herr« und in deinem Herzen glaubst: »Gott hat ihn von den Toten auferweckt«, so wirst du gerettet werden. Wer mit dem Herzen glaubt und mit dem Mund bekennt, wird Gerechtigkeit und Heil erlangen* (Röm 10,9-10).

Sie hatten auch gehört, dass sich die Christen in Jerusalem in den Häusern trafen, um das Brot zu brechen und sich an das zu erinnern, was Jesus gesagt und getan hatte. Dabei priesen und dankten sie Gott. Priscilla und Acilius stellten den Christen einen großen Raum in ihrem Haus zur Verfügung, damit sie mit ihnen zusammen an jedem Sonntag die Eucharistie feiern konnten. Allmählich bildete sich aus dieser Hauskirche eine communio, d.h. eine Gemeinde, die sich gegenseitig unterstützte.

Gräbernischen im ersten Stockwerk der Priscilla-Katakombe.

Als eines Tages ein Gemeindemitglied starb, fragten die anderen: »Was soll nun mit ihm geschehen? Sollen wir ihn zu den allgemeinen Bestattungsorten der Stadt bringen?« Die Grabplätze am Stadtrand waren aber schwer zu bekommen und teuer geworden, weil die Bevölkerung stark angewachsen war und die Bestattung der Toten in der Erde üblich geworden war. »Wäre es nicht besser«, fragten sich die Christen der Gemeinde an der Via Salaria, »wenn wir auf einem Grundstück gemeinsam mit unseren Toten auf das Kommen des Herrn hoffen könnten?«

Bisher war es aber nur reichen Familien möglich, ihre Toten in ihrer Nähe zu bestatten, denn sie besaßen auf ihrem Grundstück eine Familiengruft. So war es auch bei Priscilla und Acilius. Sie sagten: »Unsere Hauskirche ist für uns wie eine Familie. Die verstorbenen Christen sind unsere Schwestern und Brüder. Warum sollten wir sie nicht bei uns beisetzen?«

Hundert Jahre später

Priscilla und Acilius waren längst tot. Priscilla hatte ihren Gatten um einige Jahre überlebt und dann ihren Besitz der Kirche geschenkt. Die ehemalige Familiengruft wurde im Lauf der Zeit zu einem weit verzweigten Gräberfeld ausgebaut, einer so genannten Katakombe*. Das sind unterirdische Friedhöfe. Der weiche vulkanische Tuffstein ließ sich leicht bearbeiten und so konnte man lange unterirdische Gänge anlegen und die Verstorbenen in die Nischen legen, die links und rechts in die Seitenwände hineingeschlagen waren. Nach der Bestattung wurden die Nischen zugemauert, mit einer Inschrift versehen und mit einem Bild bemalt, das den

In der Priscilla-Katakombe ist eine Grabkammer nach diesem Fresko »Die Schleiernahme« benannt. Gezeigt sind Szenen aus dem Leben einer Frau. Links: Eheschließung beim Bischof, rechts: mit Kind, Mitte: Die Frau wird als Verstorbene bei Gott lebend dargestellt.

Auferstehungsglauben der Christen ausdrückte. Besonders beliebt waren die Bilder vom Guten Hirten, von der Auferweckung des Lazarus und von Jona im Fischbauch. Manchmal war nur eine Palme, eine Taube, ein Fisch oder das Christuszeichen eingeritzt. Doch wussten die Christen genau, was das bedeutete.

Wieder hundert Jahre später

Immer wieder geschah es, dass römische Kaiser die Christen wegen ihres Glaubens verfolgen und hinrichten ließen. Sie glaubten nämlich, dass die Christen ihnen nicht treu ergeben waren, weil diese nicht den Kaiser, sondern Christus als ihren höchsten Herrn betrachteten. Diejenigen, die so ihr Leben für Christus hingegeben hatten, die Märtyrer*, wurden ebenfalls in den Katakomben bestattet. Viele Christen verehrten besonders diese Gräber und pilgerten dorthin, um zu beten und die verstorbenen Märtyrer um Fürbitte bei Gott anzuflehen. Weil immer mehr Pilger kamen, wurde der Platz an den Gräbern zu eng. Deswegen errichtete man darüber eine Kirche. Unter der Regierung des Kaisers Konstantin, der den Christen freie Religionsausübung gewährt hatte, war dies möglich geworden.

Später vergaßen die Menschen, dass sich unter der Kirche ein ganzer christlicher Friedhof befand. Erst nach vielen Jahrhunderten hat man ihn wieder entdeckt. In der Katakombe an der Via Salaria fand man eine Inschrift aus dem 4. Jahrhundert, auf der eine DOMINA PRISCILLA um Hilfe angerufen wird. Man erkannte darin die Stifterin des Friedhofs und nannte ihn deswegen Priscilla-Katakombe.

Dieser Grabstein in der Priscilla-Katakombe trägt die Inschrift: M. ACILIUS V. C.V. PRISCILLA.
Das heißt: Manius Acilius Verus und Priscilla

Staatliche Maßnahmen gegenüber Christen im Römerreich

Auf 32 f. findest du Quellentexte darüber, wie die römischen Kaiser im Laufe der Jahrhunderte die Christinnen und Christen behandelten. Es gab Zeiten der Verfolgung, aber auch der Duldung und schließlich wurde das Christentum als Staatsreligion anerkannt.

Der Statthalter Plinius berichtete dem Kaiser Trajan (98-117)

»Ich bin gegen diejenigen, gegen die bei mir als Christen Strafantrag gestellt worden war, in folgender Weise gerichtlich vorgegangen: Ich habe sie gefragt, ob sie Christen seien. Als sie gestanden, habe ich sie ein zweites und drittes Mal verhört, nachdem ich ihnen bereits das Todesurteil angedroht hatte. Wenn sie bei ihrem Geständnis beharrten, ließ ich sie zur Hinrichtung abführen. Denn ich zweifelte nicht: Wie beschaffen das eingestandene Verbrechen auch immer sein mag, so müssen doch mit Sicherheit Hartnäckigkeit und unbeugsame Halsstarrigkeit bestraft werden.«

Eine Opferbescheinigung aus dem Jahr 250

Kaiser Decius forderte von jeder und jedem diese Bestätigung: »An die zur Kontrolle der Opfer gewählte Kommission. Von Aurelia Charis aus dem Dorfe Theadelphia. Ich habe immer geopfert und Ehrfurcht den Göttern erwiesen und jetzt in eurer Gegenwart habe ich gemäß den Verordnungen Trankopfer gespendet und geopfert und vom Opferfleisch genossen und ich bitte euch, mir das zu bescheinigen. Gehabt euch wohl!« –
Ich, Hermas, bescheinige das. – «

Der christliche Geschichtsschreiber Eusebius berichtet, wie die Christen auf den Opferkult reagierten

»Als das Edikt erschien, waren alle bestürzt. Aus Angst kamen die vornehmen Christen oft sofort freiwillig zum Opfern. Die Beamten wurden von ihrem Arbeitsplatz geholt. Andere wiederum wurden von ihren Bekannten mitgebracht. Sobald ihre Namen aufgerufen wurden, traten sie zu den verfluchten Opferaltären. Manche waren bleich und zitterten, man konnte meinen, sie selbst würden geopfert und abgeschlachtet werden. Der zusammengelaufene Pöbel verhöhnte sie. Es wurde überdeutlich, dass sie zum Sterben wie zum Opfern zu feige waren.
Es gab auch andere Christen: Diese gingen an die Altäre und behaupteten dreist, sie seien auch früher nie Christen gewesen.
Die Ärmeren unter den Christen verhielten sich ebenso: Einige flüchteten, andere wurden verhaftet und kamen ins Gefängnis. Einige wurden tagelang eingesperrt. Ehe sie aber noch vor Gericht kamen, schworen sie ihrem Glauben ab. Andere blieben zwar längere Zeit, trotz der Folterungen, standhaft; sie fielen dann aber doch ab.
Es gab auch starke ›Säulen des Herrn‹: Sie erhielten Kraft und Ausdauer von Gott. Sie wurden zu bewundernswerten Zeugen seines Reiches, weil sie nicht abfielen, sondern den Tod auf sich nahmen.«

Edikt des Galerius: Freie Ausübung des Glaubens

Das Christentum hatte in zwei Jahrhunderten im gesamten Römischen Reich viele gläubige Anhänger gefunden 38 f. Daher beendete der römische Kaiser Galerius im Jahr 311 die Verfolgung der Christen.

»Da wir sahen, dass die meisten in ihrem Unverstand beharrten und dass sie weder den alten Göttern Verehrung zollten noch auch dem Christengott dienten, haben wir ... die Erlaubnis gegeben, dass sie wieder Christen sein und ihre Versammlungen wieder halten dürfen. Daher werden sie auch verpflichtet sein, für unser Wohl, für das des Staates und für das Ihrige zu ihrem Gott zu beten, damit das Reich ... unversehrt bestehen bleibt.«

Die so genannte Konstantinische Wende

Kaiser Konstantin I., der Große, wurde 324 n. Chr. nach heftigen Machtkämpfen der Alleinherrscher über das gesamte Römische Reich. Eine Legende erzählt, dass Konstantin bei der siegreichen Schlacht an der Milvischen Brücke nördlich von Rom ein Kreuz erblickt hat. Das hat ihn vom christlichen Glauben überzeugt.
Deshalb stellte er das Christentum den alten Religionen gleich. Er selbst ließ sich 337 taufen. Unter seinem Nachfolger wurde das Christentum sogar zur Staatsreligion.

Kaiser Konstantin, im Helm ein Christusmonogramm. Silbermedaillon, 315 n.Chr.

Die Mailänder Vereinbarung des Kaisers Konstantin I. des Großen

»Keinem Menschen soll die Freiheit versagt werden, Brauch und Kult der Christen zu befolgen und zu erwählen. Vielmehr soll jedem die Freiheit gegeben werden, sein Herz der Religion zuzuwenden, die er selbst für die ihm entsprechende erachtet, auf dass uns die Gottheit in allem die gewohnte Fürsorge schenken möge ... Bezüglich der Christen bestimme ich weiterhin: Die Stätten, an denen sie ehedem zusammenzukommen pflegten, sollen ohne Verzug an die Christen zurückerstattet werden von denen, die sie gekauft hatten. Auch wer solche Stätten geschenkweise erhalten hat, soll sie so schnell wie möglich den Christen zurückgeben. Alle, die von unserer Hochherzigkeit irgendeine Verfügung hierfür erbitten, mögen sich an den örtlichen Statthalter wenden.«

Bild auf einem römischen Sarg um 350 n.Chr.
Ein römischer Soldat krönt Christus mit einem Lorbeerkranz.

Das Christentum kam über die Alpen

Erste Spuren

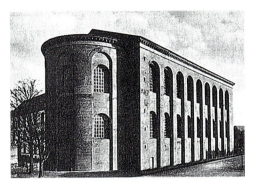

Die Aula Regia, Basilika genannt, wurde von den Römern um 310 n.Chr. in Trier erbaut.

Von Rom aus kam das Christentum nach Gallien und über die Alpen bis zum Rhein und zur Donau. Bereits im 2. Jh. gab es eine christliche Gemeinde in Trier. Dort hat man Gräber mit Inschriften und eingemeißelten Christusbildern gefunden. Auch Grundmauern von alten Kirchenanlagen geben davon ein Zeugnis.

Christusdarstellung aus dem 7. Jh. auf einem fränkischen Grabstein.

Severin vermittelt zwischen den Stämmen

Hl. Severin

Zur Zeit der Völkerwanderungen drangen die germanischen Stämme auf der Suche nach neuen Lebensgrundlagen in römisches Gebiet ein. Vertreibungen, Hunger und Krankheiten waren die Folge. In dieser Situation bemühte sich der Mönch Severin darum, im Donauraum die größte Not zu lindern und zwischen den Menschen zu vermitteln. So blieben trotz des Einflusses der heidnischen Germanen kleine christliche Regionen erhalten.

Die Franken bekehren sich als erster germanischer Stamm zum Christentum

Die eingewanderten Germanen bildeten zwischen Rhein, Elbe und Donau mehrere Stammesgebiete. Jeder Stamm hatte seinen eigenen König. Der Stamm der Franken dehnte seinen Besitz immer weiter nach Gallien aus und kam dort mit den Christen in Berührung.
Der Frankenkönig Chlodwig ließ sich als erster der Germanen 498 von Bischof Remigius von Reims taufen. Sein Stamm folgte ihm in Gefolgschaftstreue zur Taufe. Da die Franken zum einflussreichsten Stamm der Germanen wurden und das fränkische Königshaus die Ausbreitung des Christentums förderte, begannen auch die übrigen Germanen Christen zu werden.

Frankenkönig Chlodwig wird getauft.

Irische Wandermönche kommen zu den Franken

Obwohl bereits im 6. Jh. die fränkische Kirche in Bistümer und Pfarreien gegliedert war, war das einfache Volk mit dem Christentum noch nicht sehr vertraut. So kamen um 590 irische Wandermönche ins Frankenreich und verkündeten den christlichen Glauben. Einer von ihnen war Kilian, der erste »Apostel des Frankenlandes«. Kilian stammte aus einer vornehmen schottischen Familie. Um 685 kam er in die Gegend von Würzburg. Er begeisterte die Menschen durch sein liebenswürdiges Wesen, durch seine Hilfsbereitschaft und seinen Lebenswandel. Er starb eines gewaltsamen Todes, wie viele Missionare in dieser Zeit.

Irische Wandermönche im Boot.

Fränkische Wanderbischöfe missionieren in Bayern

Zu Beginn des 8. Jh. kamen Wanderbischöfe aus dem Frankenreich nach Bayern, um den christlichen Glauben zu festigen und zu vertiefen. Für Bayern wichtig waren Korbinian, Rupert und Emmeram, weil sie die Grundlagen für die Organisation der Kirche schufen.

St. Emmeram von Regensburg, um 1052.

Der hl. Rupert tauft Heiden. Darstellung aus St. Peter in Salzburg, um 1160.

Der hl. Korbinian am Hauptportal des Freisinger Domes.

Emmeram

Emmeram kam als Wanderbischof nach Regensburg. Er sollte sich im Auftrag des Herzogs um die Klöster kümmern. Bereits nach wenigen Jahren wurde er ermordet (um 680). Über seinem Grab wurde später das Kloster St. Emmeram errichtet.

Rupert

Um 693 kam Rupert nach Bayern. Er ließ sich in Salzburg nieder. Dort lebte er als Bischof und Abt. Der Bau der Salzburger Peterskirche geht auf ihn zurück. Er gründete mehrere Klöster als Mittelpunkt des Gottesdienstes und der Bildung. Rupert starb um 716 und wird als »Apostel der Bayern« verehrt.

Korbinian

Korbinian war vom Papst nach Bayern geschickt worden. Er war der erste Bischof von Freising und wirkte im gesamten Isar-Gebiet. Auf seinen Wunsch wurde er in Mais bei Meran begraben (um 730); später holte Bischof Arbeo die Gebeine des Heiligen nach Freising, wo sie im Mariendom verehrt werden. Zu seinem Gedenktag am 20. November wallfahren jährlich viele Jugendliche an sein Grab.

Vom Wirken der benediktinischen Mönche

Am nächsten Morgen beginnen die Mönche mit ihrer langwierigen Arbeit. Ihr großes Wissen, ihre handwerkliche Geschicklichkeit sowie ihre christliche Lebensweise sollen den Mönchen bei den heidnischen Germanen Gehör verschaffen.

Modell eines Benediktinerklosters (nach einer Grundrisszeichnung aus dem Skriptorium des Klosters Reichenau von 816/17)

1 Basilika mit Querschiff
2 Kreuzgang
3 Speisesaal der Mönche (Refektorium)
4 Wohnung der Novizen
5 Friedhof
6 Gemüsegarten
7 Hühner- und Gänsestall
8 Handwerksgebäude
9/10 Stallungen für Vieh und Pferde
11 Haus für das Gefolge höherer Gäste
12 Herberge für Pilger
13 Häuser für hohe Gäste

Steckbriefe: christliche Persönlichkeiten

Waren die Christen Juden?

Kurz nach der Hinrichtung des jüdischen Rabbi Jesus von Nazaret führten die Erfahrung der Auferstehung und das Pfingstereignis dazu, dass sich in der Stadt Jerusalem eine kleine Gruppe aus seinen ehemaligen Begleitern, Freunden und Verwandten bildete. Diese verkündeten, dass Jesus von den Toten auferstanden und der Messias der Juden sei. Die meisten der damaligen Anhänger der neuen Gruppierung waren Juden. Sie gehörten auch weiterhin zur jüdischen Glaubensgemeinschaft, gingen gemeinsam zur Synagoge, feierten den Sabbat* und die anderen jüdischen Feste. Die Mitglieder dieser Urgemeinde* bezeichneten sich zu diesem Zeitpunkt noch nicht als Christen. Sie selbst nannten sich wie schon zur Zeit Jesu Jüngerinnen und Jünger.
In der jüdischen Öffentlichkeit wurden die Jünger Jesu auch Nazoräer genannt, Anhänger des Jesus von Nazaret. Hier galten die Nazoräer als Sekte, d.h. Abspaltung innerhalb des Judentums. Erst als immer mehr Jünger Jerusalem verließen und die Botschaft Jesu auch den Griechen und Römern verkündeten, geschah etwas ganz Neues in der Geschichte der Christen. Jetzt ließen sich nicht nur Juden, sondern auch Heiden taufen und traten so der neuen Gemeinschaft bei. Nach heftigem Streit unter den Aposteln und den Ältesten der Jerusalemer Gemeinde wurde ein weit reichender Beschluss gefasst: Die Heiden müssen nicht zuerst Juden werden, bevor sie durch die Taufe der neuen Gemeinschaft beitreten (vgl. Apg 15,19-20). Damit war auch der Beginn für eine schärfere Trennung zwischen dem Judentum und den Jesusjüngern gegeben. In Antiochia nannte man die Anhänger Jesu zum ersten Mal Christen (Apg 11,26).

Paulus

Paulus stammte aus Tarsus in Kleinasien, das damals wie alle Länder rund um das Mittelmeer unter römischer Herrschaft stand. Deshalb war er römischer Bürger. Seine Familie stammte aus Galiläa, dem Land, in dem Jesus aufgewachsen ist. Er gehörte zur Gemeinschaft der Pharisäer, besonders gesetzestreuer Juden. Als Jude trug er den Namen Saulus, als Römer den griechischen Namen Paulus (»der Kleine«). Studiert hatte er in Jerusalem bei dem damals bekannten Gesetzeslehrer Gamaliel. Seinen Lebensunterhalt verdiente er als Zeltmacher. Nachdem er sich dem Christentum zugewandt hatte und einer seiner eifrigsten Anhänger geworden war, reiste er im damaligen Römischen Reich umher, um die Menschen vom Christentum zu überzeugen. Er gründete viele Gemeinden. Von seinen Reisen aus schrieb er ihnen Briefe, um sie im Glauben zu stärken und Konflikte unter ihnen zu schlichten. Weil seine Briefe von allgemeinem Interesse waren, wurden sie in den Gemeinden abgeschrieben und an andere Gemeinden weitergegeben. So gelangten die Paulusbriefe an die ganze Christenheit und schließlich ins Neue Testament, zum Beispiel:

Paulus schreibt einen Brief. Relief von einem Elfenbeinkästchen um 420.

    Brief an die Römer (Röm)
    1. Brief an die Korinther (1 Kor)
    2. Brief an die Korinther (2 Kor)
    Brief an die Galater (Gal)
    Brief an die Philipper (Phil)
    1. Brief an die Thessaloniker (1 Thess)
    Brief an Philemon (Phil)

Paulus wurde – vermutlich zwischen 63 und 67 – in Rom als Märtyer enthauptet.

Hl. Bonifatius gründet die vier altbaierischen Bistümer.

Der hl. Benedikt und seine Schwester, die hl. Scholastika.

Winfried Bonifatius, der »Apostel der Deutschen«

Im Jahre 716 machte sich der Mönch Winfried, der später den Namen Bonifatius erhielt, von Britannien aus auf den Weg, um als Wanderprediger zu leben. Er war 40 Jahre alt. In Friesland wollte er die Sachsen bekehren. Da er dort zunächst keinen Erfolg hatte, wandte er sich mit seinen Gefährten nach Hessen und Thüringen. Es war schwer, die Germanen für Christus zu gewinnen. Um sie vom Glauben an die Macht der heidnischen Götter abzubringen und sie von der Macht des christlichen Gottes zu überzeugen, ließ Bonifatius im Jahre 723 die dem heidnischen Gott Donar geweihte Eiche bei Geismar fällen. Bonifatius ordnete auch die Kirche in Hessen, Thüringen und Bayern und legte die Diözesangrenzen von Passau, Salzburg, Freising und Regensburg neu fest. Diese Einteilung ist bis heute erhalten.
Als er im Alter von 80 Jahren noch einmal zu den Friesen zurückkehrte, wurde er am Morgen des 5. Juni 754 von bewaffneten Germanen getötet ◂25▸. Bonifatius führte in den Klöstern die Regel des hl. Benedikt von Nursia ein. In seinem Lieblingskloster Fulda ist er begraben. Jedes Jahr versammelt sich dort die Deutsche Bischofskonferenz, um kirchliche Angelegenheiten zu beraten.

Der hl. Benedikt von Nursia

Benedikt (480 – ca. 547) stammte aus einem vornehmen Geschlecht zu Nursia. Zum Studium wurde er nach Rom geschickt. Bald gefiel ihm das Leben dort nicht mehr.
Er verzichtete auf sein Erbteil und begab sich an den entlegenen Ort Subiaco in der Nähe von Rom. Dort wohnte er einige Jahre in einer einsamen Höhle. Nach und nach scharten sich Gleichgesinnte um ihn und so konnte er zwölf Klöster errichten. Jedem Kloster stellte er einen Abt voran und gab ihm zwölf Mönche. Später zog Benedikt mit einigen Gefährten in ein uraltes Heiligtum, wo nach alter heidnischer Sitte vom Volk der Gott Apollo verehrt wurde. Er verwandelte das Heiligtum in das heute noch berühmte Kloster Montecassino ◂24▸.
Benedikt schrieb eine Ordensregel, eine Anleitung zum christlichen Leben für Mönche und Nonnen. Das Leitwort »ora et labora« (das heißt: »bete und arbeite«) steht im Mittelpunkt dieser Regel. Sie hat drei Schwerpunkte: geschwisterliches Zusammenleben an einem Ort, Gotteslob und Betrachtung, Lebensunterhalt durch Handarbeit.
Durch diese Ordensregel des hl. Benedikt von Nursia wurde nicht nur das geistige und geistliche Leben gefördert, sondern es entstand auch kultiviertes Land.

Wenn viele gemeinsam träumen

Das Christentum hat klein begonnen. An Pfingsten haben die ersten Christinnen und Christen den Heiligen Geist in »Sturm« und »Feuer« erlebt. Sie waren feurige Redner und begeistert von der Sache Jesu.

◇ Was hat dir aus der frühen Zeit des Christentums und aus der Zeit seiner Verbreitung am meisten imponiert? Begründe deine Auswahl!

◇ Kennst du weitere Redewendungen, in denen Sturm, Feuer und Geist in symbolischer Bedeutung gebraucht werden? Was sagen sie über den Heiligen Geist aus?

◇ Christen haben für ihren Glauben ihr Leben aufs Spiel gesetzt – damals, aber auch in unserer Zeit. Was hast du für eine Meinung dazu?

T: Dom Helder Camara
M: Ludger Edelkötter

Wenn einer alleine träumt, ist es nur ein Traum. Wenn viele gemeinsam träumen, so ist das der Beginn, der Beginn einer neuen Wirklichkeit. Träumt unsern Traum.

»Ich glaube an Christus und ich glaube, dass 800 Millionen Christen auf dieser Erde das Antlitz der Erde verändern könnten. Selbst die allerschlechteste christliche Welt würde ich der besten heidnischen vorziehen, weil es in der christlichen Welt Raum gibt für die, denen keine heidnische Welt je Raum gab: für Krüppel und Kranke, Alte und Schwache, und mehr noch als Raum gibt es für sie: Liebe für die, die der heidnischen wie der gott-losen Welt nutzlos erschienen und erscheinen ...«

Heinrich Böll

◇ Hast du eine Idee, wie Christen heute in den Familien, in Schulklassen und im Freundeskreis das »Antlitz dieser Erde« verändern könnten?

Zeit vertreiben – Zeit gestalten 3

Wörter und Sprüche zur Zeit

»Dem Glücklichen schlägt keine Stunde.«

»Die Zeit rinnt mir durch die Finger.«

»Die Zeit totschlagen.«

»Ich stehe unter Zeitdruck.«

»Zeit gewinnen, vergeuden, sparen, nutzen, schinden...«

»Es kostet sie viel Zeit.«

»Das dauert ja eine Ewigkeit.«

»Kommt Zeit, kommt Rat.«

»Nimm dir Zeit und nicht das Leben.«

»Jedes Ding hat seine Zeit.«

»Ich schenke dir etwas Zeit.«

»Die Zeit läuft mir davon.«

»Zeit heilt alle Wunden.«

»Zeit ist Geld.«

Du liebe Zeit

Da hab ich einen gehört,
wie er seufzte: »Du liebe Zeit!«
Was heißt da »Du liebe Zeit«?
»Du unliebe Zeit«, muss es heißen;
»Du ungeliebte Zeit!«
von dieser Unzeit, in der wir
leben müssen. Und doch:
Sie ist unsere einzige Zeit
unsere Lebenszeit.
Und wenn wir das Leben lieben,
können wir nicht ganz lieblos
gegen diese unsere Zeit sein.
Wir müssen sie ja nicht genau so
lassen, wie sie uns traf.

Erich Fried

Ich glaube, sie ist einsam.

Ich weiß nicht, was ich tun soll.
Ich habe mein Bett gemacht.
Ich habe Flöte geübt.
Ich habe alle meine Bücher gelesen.
Ich kann Puzzles nicht mehr ausstehen.
Mir ist langweilig,
langweilig,
LANGWEILIG.

Ich bin da ... – Ich habe Zeit ... – Es drängt nichts und ich muss auch nichts leisten ... – In diesem Augenblick bin ich vor Gott ... – Ich darf da sein, wie ich jetzt gerade bin ... Mit meinem Körper ..., mit meinen Gedanken ...

Mein »Rad der Zeit« abrollen

Manchmal haben wir das Gefühl, dass das »Rad der Zeit« einfach über uns hinwegrollt. Es dreht sich einfach so dahin und wir glauben, wir haben wenig Möglichkeiten einzugreifen.

◇ Nimm einen beliebigen Schultag. Teile durch Speichen unterschiedliche Zeiträume ab, die zeigen, wie du deine Zeit verwendest.
◇ Welche Zeiten vergehen schnell, welche langsam? Nimm zwei verschiedene Farben und male mit der einen die Zeitstücke aus, die schnell vergehen, mit der anderen Farbe die Zeitstücke, die langsam vergehen.

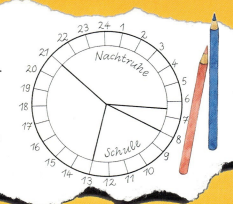

Allein oder zusammen?

Wähle aus den Wortkarten drei aus und nenne zu jeder Karte drei Aktivitäten, die für dich dazu passen.
Was davon tust du alleine, was machst du zusammen mit anderen?

Welche Medien leistest du dir?

Unterschiedliche Medien begleiten dich den ganzen Tag. Medien sind entweder technische Geräte, wie etwa Fernseher, Computer, CD-Player, Videorekorder, Radio oder Bücher, Zeitschriften, Plakate usw.
Überlege dir, welche Medien dir während eines Tages begegnen. Zeichne die Zeitleiste in dein Heft und trage ein, wann und wie lange du welches Medium nutzt! Womit hast du die längste Zeit verbracht?
Worin siehst du den Nutzen? Diskutiert darüber.

Einander Zeit schenken!
Gestaltet und verschenkt Gutscheine mit der Überschrift »Ich schenke dir von meiner Zeit.«

Ich schenke dir von meiner Zeit!
Zeitdauer...
Adressat/in...
Was tun?...

Ein Zeit-Bild malen
Du findest auf  verschiedene Redewendungen zur Zeit. Kennst du noch weitere? Suche dir einen Satz aus und male ein Bild dazu. Kann man überhaupt Zeit im Bild darstellen? Überlege dir, wie du die Zeit malen willst.
Nachher könnt ihr die Bilder ausstellen und ihnen den passenden Zeitspruch zuordnen.

Jenny hat Langeweile
Mir ist so langweilig!

Falte ein DIN-A 4-Blatt in der Mitte. Zeichne auf die linke Seite eine Situation, in der es dir genauso geht wie Jenny auf dem Bild 43. Wie kannst du das Langeweile-Gefühl auch in Worten ausdrücken? Zeichne auf die rechte Seite des Blattes dann eine Situation, die dich von diesem Langeweile-Gefühl befreien könnte.

Alles hat seine Zeit
Du findest auf 46 einen Text aus der Bibel. Er drückt aus, wie unterschiedlich Zeit erlebt werden kann. Versuche doch einmal, dem Text eigene Zeilen hinzuzufügen: Falte ein Blatt Papier in der Mitte. Überlege dir Gegensatzpaare zur Zeit und stelle sie auf den Hälften deines geknickten Blattes dar.
Was ist bei dir gerade an der Zeit? Gestalte ein eigenes Bild dazu!

In der Gegenwart leben

Alles hat seine Zeit

Für jedes Geschehen unter dem Himmel gibt es eine bestimmte Zeit:
eine Zeit zum Gebären und eine Zeit zum Sterben,
eine Zeit zum Pflanzen und eine Zeit zum Abernten der Pflanzen,
eine Zeit zum Töten und eine Zeit zum Heilen,
eine Zeit zum Niederreißen und eine Zeit zum Bauen,
eine Zeit zum Weinen und eine Zeit zum Lachen,
eine Zeit für die Klage und eine Zeit für den Tanz,
eine Zeit zum Steinewerfen und eine Zeit zum Steinesammeln,
eine Zeit zum Umarmen und eine Zeit, die Umarmung zu lösen,
eine Zeit zum Suchen und eine Zeit zum Verlieren,
eine Zeit zum Behalten und eine Zeit zum Wegwerfen,
eine Zeit zum Zerreißen und eine Zeit zum Zusammennähen,
eine Zeit zum Schweigen und eine Zeit zum Reden,
eine Zeit zum Lieben und eine Zeit zum Hassen,
eine Zeit für den Krieg und eine Zeit für den Frieden.

Kohelet 3,1-8

Schon vor Jahrtausenden hat sich der Verfasser eines biblischen Textes Gedanken über die Zeit gemacht. Kennst du solche Zeiten? Kennst du auch den beschriebenen Wechsel zwischen den Zeiten? Was hast du erfahren?

Dir selbst Zeit schenken

Nimm dir Zeit

T/M: Walter R. Ritter

Nimm dir Zeit zum Fühlen und Träumen!

Ostinato: Nimm dir Zeit, ja nimm dir Zeit!

Nein sagen

Wenn du im richtigen Augenblick Nein sagst, dann kann das wie ein Geschenk für dich sein.
Dann schenkst du dir Zeit für dich, deine Ruhe, das Gefühl, dass etwas dir gehört, das Gefühl, dass dein Körper dir gehört, das Gefühl, dass du wichtig bist.

Nimm dir Zeit zum Feiern und Trauern!
Nimm dir Zeit zum Reden und Hören!
Nimm dir Zeit zum Staunen und Freuen!
Nimm dir Zeit zum Lieben und Streiten!
Nimm dir Zeit zum Weinen und Lachen!
Nimm dir Zeit zum Halten und Lassen!
Nimm dir Zeit zum Glauben und Zweifeln!
Nimm dir Zeit zum ...(selbst erfinden!)
Nimm dir Zeit, ja nimm dir Zeit!

Sven, Lisa und Ben und ihre Zeit

»Sven, hey Sven, hörst du nicht?«
»Hallo!«
Sven träumt mal wieder.
Er hat Lieblingsträume, mit denen er sich so durch den Tag bringt: In der Schule träumt er zum Beispiel davon, ein ganz toller Fußballspieler zu sein. Er malt sich alles genau aus. Bis ihn die Stimme des Lehrers unterbricht und er wieder mal keine Ahnung hat, wo im Text gelesen wird. Neulich hat er sogar die tolle Stunde von Frau Kudlich überhaupt nicht mitbekommen...

Lisa hat sehr viel zu tun und zu überlegen!
Wenn sie von der Schule nach Hause fährt, fällt ihr alles Mögliche ein: Zuerst Mittagessen und dann etwas fernsehen. Ob Mama noch böse ist wegen gestern? Papa hätte auch nachgeben können, immer ist Lisa schuld. Soll sie zuerst Hausaufgaben machen und dann Anja anrufen oder umgekehrt? Anja war gestern auch komisch...

Ben spricht oft mit den beiden: Manchmal gelingt es ihm, es ganz anders zu machen als Lisa und Sven. Wenn er in der Schule ist, dann ist er in der Schule. Wenn er isst, dann isst er. Wenn er nach Hause fährt, dann fährt er nach Hause. Er spürt den Fahrtwind auf seiner Haut und die warme Sonne. Die Ampel springt kurz vor ihm von Grün auf Rot und er ist wütend darüber. Am Straßenrand sieht er seinen Freund Jakob und winkt ihm zu...

Vergangenheit, Gegenwart, Zukunft
sind die drei möglichen Formen der Zeit:
Die Vergangenheit ist vorbei,
in der Gegenwart lebt man,
die Zukunft ist ganz ungewiss.

◇ Sven, Lisa und Ben leben ganz unterschiedlich in der Zeit! Welcher der nebenstehenden Pfeile passt jeweils zu welcher Person?

◇ Bastelt euch selber aus Papier »Vergangenheit«, »Gegenwart«, »Zukunft«. Legt die drei Pfeile vor euch auf den Platz. Setzt euch nun drei Minuten still hin und achtet auf die Geräusche um euch herum. Welche nehmt ihr wahr? Gehen euch auch Gedanken durch den Kopf? Überlegt bei jedem Gedanken, ob er in die »Vergangenheit« oder in die »Zukunft« gehört und schreibt diese Gedanken nach den drei Minuten in die entsprechenden Papierstreifen. Dass du Geräusche hörst, gehört auf den Pfeil »Gegenwart«.

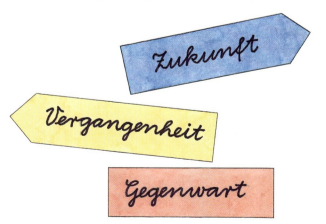

Zeit und Ewigkeit

Die Zeit und Lena mittendrin

Manchmal vergeht die Zeit so schnell, man begreift nicht, wo sie eigentlich hingekommen ist. Dann wieder dehnt sie sich aus, ein einziger Vormittag scheint Jahre zu dauern. Schon so lange läuft Lena in den Ruinen der uralten Römerstadt herum, müde lässt sie sich auf einen Steinblock fallen. Die Stimmen und Schritte ihrer Eltern entfernen sich weiter, immer weiter.
Stille.
Lena lässt den Kopf gegen die Steinmauer sinken und schließt die Augen. Sie atmet den Duft der wilden Kräuter. Die Zikaden singen ihr eintöniges unermüdliches Lied von Sommer und Hitze und Sonne.
Lena kann sich einfach nicht vorstellen, dass diese Sonne im Augenblick auch zu Hause scheint. Es ist dieselbe, es gibt nur eine Sonne. Vielleicht saß genau an dieser Stelle, wo sie jetzt sitzt, einmal ein Römerkind, ein Mädchen in Lenas Alter. Wer kann das wissen? Damals war dieselbe Sonne schon da. Wie Gott das wohl einteilt, wann jemand geboren wird? Nur er kann wissen, ob da, wo sie jetzt sitzt, das Römermädchen nachdachte, wie es wäre, in der Zukunft geboren zu sein …
Lena legt die Hände auf den Steinblock. Er ist so warm, da ist kein Unterschied, Stein oder Hand. Sie will weiterdenken, etwas begreifen, aber nun geht es nicht mehr. Sie ist ja Stein. Wind und Regen über ihr, schon lange, lange Zeit. Die Sonne geht auf und wieder unter, wieder auf und wieder unter. Auch das ist vor langer Zeit so gewesen, aber es ist noch immer so und es wird noch lange Zeit so sein. Ich bin nicht, denkt Lena.

Ich war schon, denkt Lena. Und: Ich. Dann ist alles leer, dort, wo sonst ihre Gedanken sind. Sie fühlt nur noch Wärme. Und dann ihr Herz, wie es klopft: ruhig, gleichmäßig und wunderbar. Zeit, plötzlich begreift Lena, was das ist: Zeit. Nicht diese Linie auf der Tafel in der Schule. Auf ihr war die Zeit eingezeichnet, so lange die Erde besteht. – Es ist ganz anders. Man kann es auf keine Tafel der Welt malen. Die Zeit ist ein riesiges Loch. Alles fällt hinein und fällt und fällt: Saurier, Mammuts und geflügelte Fische, Meere, Berge, Schachtelhalmwälder, alles, Millionen Jahre lang, ununterbrochen. Menschen gibt es sowieso erst seit ein paar Minuten, Lena erst seit einer Sekunde! Achtzig Jahre wird sie möglicherweise leben, achtzig mal dreihundertfünfundsechzig Tage. Das ist lange und trotzdem nicht länger als eine Sekunde. Dann kommt wieder Zeit und immer noch Zeit, wieder Jahrmillionen oder noch länger, wie lange weiß nur Gott.
Von Ewigkeit zu Ewigkeit dehnt sich das Loch. Lena wird ganz schwindlig davon, sie ist jetzt winzig klein, fast gar nicht mehr da, so wie ein Tropfen unter unzähligen anderen im Meer der Zeit.
»Lena, du, Lena, komm. Kind, wir gehen!«
Wer ist das – Lena? Sie fühlt plötzlich ihre Schulter, weil Mutter sie berührt, hört die Zikaden, sieht die uralten Steine. Und immer noch glüht am Himmel die Sonne.
Lena steht auf. Dann geht sie zwischen Vater und Mutter. Schon so lange dauert dieser Sommer und danach wird es noch viele Sommer geben. Ich bin ja noch ein Kind, denkt Lena, ich werde noch lange, lange, ein Kind sein.

Susanne Kilian

Marc Chagall, 1930–39, 100 x 81,3 cm

Wie Medien wirken

Agathes Fernsehgeschichte

Neulich, nach meinem Urlaub, habe ich mich sehr allein gefühlt. Kein Wunder, während des Urlaubs war ich immer mit Freunden zusammen gewesen. Die fehlen mir jetzt. Klar! Und was habe ich gemacht?
Drei Wochen lang, jeden Abend mindestens drei bis vier Stunden fernsehen. Sobald ich nach Hause gekommen bin, Schalter an, auf dem Bett ausstrecken und glotzen, mich berieseln lassen und ja nicht nachdenken. Mein Fernseher hat mich magisch angezogen. Manchmal war ich nach drei Stunden schon ganz dumpf im Kopf, aber ich konnte dann gut einschlafen.

Am nächsten Morgen beim Frühstück habe ich mir das Programm für den kommenden Abend schon ganz genau angeschaut.
Eigentlich habe ich mich scheußlich allein gefühlt, aber wenn dann die nächste Fortsetzungsserie anfing, war ich schon gespannt, was die wieder alles erleben, und dann ist es mir schon besser gegangen. Immer wenn ich mich gerade mal aufraffen wollte, mit irgendjemand was zu unternehmen, ist mir ein Spielfilm dazwischengekommen, den ich unbedingt sehen musste. Ganz schön bescheuert!

Agathe

◇ Agathe ist aus dem Urlaub zurück! Welche Gefühle beschreibt sie? Was verändert sich für sie durch das Fernsehen? Schreib deine eigene Fernsehgeschichte nach dem Vorbild von Agathe! Es kann eine schöne oder eine weniger schöne Geschichte sein.

◇ Leo 51▶ hat Angst! Gibt es Videos, Musikstücke, Filme oder Computerspiele, die dir Angst machen oder Angst gemacht haben? Male ein solches Angstbild!

◇ Gibt es auch Videos, Musikstücke, Filme, Computerspiele, die dir Mut gemacht haben und dir gutgetan haben?

◇ Blöde Gefühle machen schlechte Laune, schöne Gefühle machen gute Laune! In dem Gedicht 51▶ kommen verschiedene Gefühle und die dazu passenden Computerspiele vor. Und haste keinen Bock mehr drauf, klickste aus! Welche Gefühle möchtest du in deinem Leben gerne anklicken, was gerne ausklicken? Sammle Material aus Zeitschriften oder Internet und gestalte selbst Anklick- und Ausklickbilder. Stellt euch die Bilder, die ihr gefunden oder gestaltet habt, gegenseitig vor. Überlegt gemeinsam, welche Möglichkeiten es außer An- und Ausschalten noch gibt, die schönen Gefühle zu erreichen und die blöden Gefühle verschwinden zu lassen.

Leos Papa sitzt meistens im Wohnzimmer und guckt so komische Videos. Die machen Leo Angst.

Computerleben

Der Computer ist die Erfindung überhaupt,
ist man mal nicht so gut drauf,
nimmt man sich ein Action-Spiel
und reagiert sich ab.

Ist man mal gelangweilt und hat zu viel Zeit,
nimmt man ein Adventure und spielt bis in die Nacht.

Ist man mal guter Laune, so richtig lustig drauf,
lädt man ein Jump-and-Run-Spiel rein,
dann geht die Sache auf.

Ja, ein Computer ist eine tolle Sache,
kannst dich ausprobieren und testen,
kannst wie im besten Krimi schnüffeln
und sogar noch für die Schule büffeln.

Du kannst dir alles, was du willst,
herholen und anklicken
und haste keinen Bock
mehr drauf, klickste aus.

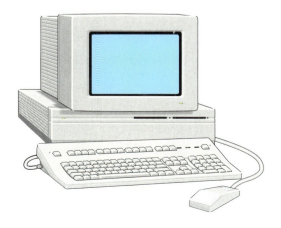

Mit Medien umgehen

Fand Nicola mit * wirklich ihre große Liebe?

Nicola aus der Klasse 9 b war in einer beliebten Jugendzeitschrift zu sehen. Den Artikel »Durch * fand ich meine große Liebe« hat ihre Klasse mit großem Interesse gelesen. Anschließend wurde Nicola um ein Interview für die Schülerzeitung gebeten. Wie war es nun wirklich?

*Nicola, liest du die * regelmäßig?*
    Nein
*Du hast also auf die Kontaktanzeige von Georg in * geantwortet?*
    Nein
*Wie kamst du dann zu *?*
    Ein Bekannter ist Fotograf bei einer Tageszeitung. Er erzählte mir von dem Redakteur bei *, der für Fotoaufnahmen ein junges Mädchen suchte. Und so fragte er mich, ob ich das nicht machen würde. Ja, o.k., hab ich gemeint. So habe ich für den nächsten Tag einen Termin mit Ralf ausgemacht, dem Redakteur von *«
Hast du vorher Informationen bekommen, um welche Geschichte es geht?
    Er sagte, es ist für einen Report mit einem Jungen. Da hab ich's noch nicht gewusst, aber am nächsten Tag hat er es mir genau erklärt.
Wusstest du, mit wem du zusammenkommst?
    Nein, gar nicht. Das heißt doch: Bei der Hinfahrt zeigte mir Ralf die * vom letzten Jahr mit dem Bild von Georg.
Wie lief das alles ab in der Redaktion?
    Wir sind zu Georg in die Wohnung gefahren. Es waren eine Visagistin und zwei Fotografen dabei. Die Visagistin hat mir das Make-up und meine Haare gemacht, obwohl ich mich eigentlich schon selbst geschminkt hatte. Ja, und dann haben wir Fotos gemacht, bei Georg zu Hause und draußen im Park.
Was musstest du machen bzw. erzählen?
    Erzählen musste ich gar nichts, wir haben ja nur Fotos gemacht. Der Fotograf sagte: Jetzt guckt mal so, als ob ihr ineinander verliebt wärt. Ja, und das hat länger gedauert, weil ich ihn (Georg) gehasst habe, er war so arrogant. Naja, mit der Zeit gewöhnt man sich daran. Man muss es halt machen.
Auf dem einen Foto seid ihr beim Essen. Wie war das?
    Schrecklich, wir haben eine halbe Stunde für dieses Foto gebraucht, es ist nämlich eine Nudel dazwischen, die sieht man nur nicht, an der mussten wir uns zusammenzuzeln. Das konnte ich nicht, ich musste so lachen.
Wie lange hat das alles gedauert?
    Von 12.00 Uhr bis 20.00 Uhr. Da wurden sieben oder acht Filme verschossen.
Hat es dir Spaß gemacht?
    Ja, das schon, denn es wurden ständig Witze gemacht, damit es nicht so streng war. Der Reporter war total lustig, weil er sich immer mit dem Fotografen gestritten hat.
Hast du Bilder bekommen?
    Nein, gar keines.

Durch ⭐ fand ich meine große Liebe

Als Georg Nicolas Brief gelesen hatte, wollte er sie auf der Stelle kennen lernen

Stundenlanges Schmusen ist für beide mit Abstand das Schönste

Zärtliches Tête-à-Tête beim romantischen Spagetti-Essen

Seit ihrem ersten Date sind Georg und Nicola unzertrennlich

Noch heute erhält der verträumte Sonnyboy viele Liebesbriefe

Glücklich und verliebt trägt Georg seine neue Freundin auf Händen

Nicola möchte ihren Georg am liebsten überhaupt nicht mehr loslassen

Freie Zeit, einmal anders!

Die drei Geschichten, in denen ein Freund oder eine Freundin gerade in deiner »Medienzeit« bei dir vorbeischaut, haben Jugendliche in deinem Alter geschrieben. Kennst du ähnliche Situationen? Wie hast du dich verhalten?

Kürzlich kam meine Freundin bei mir vorbei und fragte, ob ich rauskomme. Ich sagte: »Nein, das geht nicht, es läuft gerade Tom und Jerry im Fernsehen und das muss ich sehen.« »Dann kommst du nachher raus?« »Nein, dann auch nicht, dann kommen die Schlümpfe und dann auch nicht und dann auch nicht und dann muss ich ins Bett!« Und morgen dasselbe!

Immer, wenn ich von der Schule kam, schaute ich fern, auch beim Hausaufgabenmachen und Essen. Doch dann habe ich mich mit Jenny befreundet. Seit dieser Zeit gab es für mich kein Fernsehen mehr. Ich spiele jetzt die ganze Zeit draußen und es macht auch viel mehr Bock als vor der Glotze zu sitzen. Danke Jenny, jetzt hab' ich kein Fernsehfieber mehr! Nur noch abends. Danke Jenny!

Ich hatte ein neues, supertolles Computerspiel! Am Nachmittag schien seit langer Zeit mal wieder die Sonne. Meine besten Freunde wollten mich zum Fußballspielen abholen. Ich wollte Computer spielen. Doch ich traute es mich nicht zu sagen. Ich sagte einfach, dass ich mein Zimmer aufräumen muss. Ich habe noch ungefähr drei bis vier Stunden Computer gespielt. Ganz schön blöd gegenüber meinen Freunden!

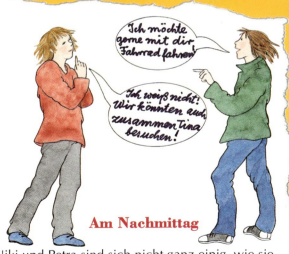

Am Nachmittag

Niki und Petra sind sich nicht ganz einig, wie sie den Nachmittag verbringen sollen!
Überlegt euch, was alles geschehen kann, wenn man den Nachmittag zusammen mit Freunden und Freundinnen verbringt!

Was ist eigentlich los bei uns?

In eurem Ort oder eurem Stadtteil gibt es verschiedene Möglichkeiten, wie Kinder und Jugendliche ihre Freizeit verbringen können.

◇ Versucht gemeinsam mit eurem Lehrer oder eurer Lehrerin herauszufinden, welche Angebote es gibt, und stellt sie den anderen in der Klasse vor.

◇ Ihr könnt auch eine Ausstellung an der Schule zu den Freizeitangeboten in eurer Umgebung machen.

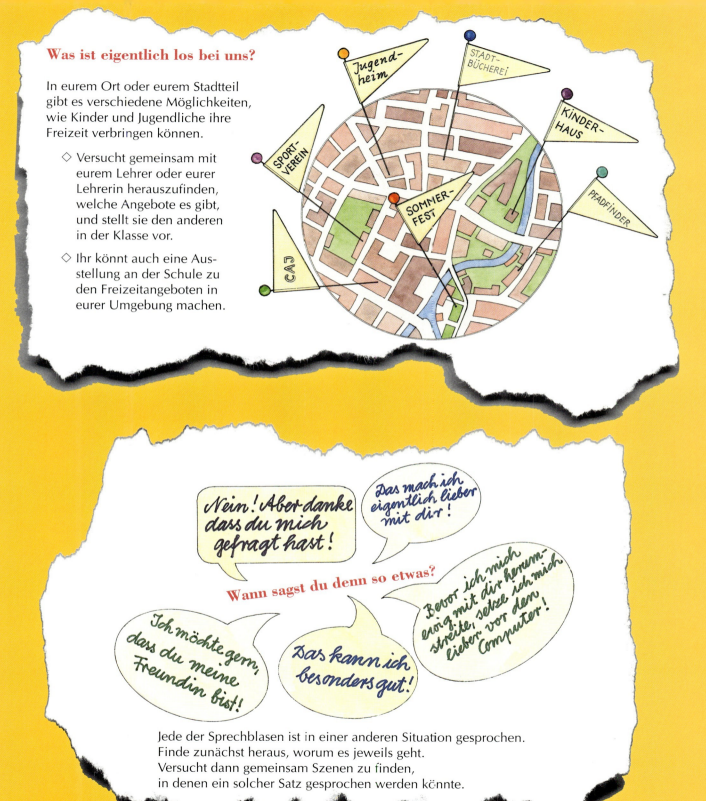

Wann sagst du denn so etwas?

Nein! Aber danke, dass du mich gefragt hast!

Das mach ich eigentlich lieber mit dir!

Ich möchte gern, dass du meine Freundin bist!

Das kann ich besonders gut!

Bevor ich mich ewig mit dir herumstreite, setze ich mich lieber vor den Computer!

Jede der Sprechblasen ist in einer anderen Situation gesprochen.
Finde zunächst heraus, worum es jeweils geht.
Versucht dann gemeinsam Szenen zu finden,
in denen ein solcher Satz gesprochen werden könnte.

Zeit messen – Zeit erleben

Was ist Zeit?
Zeit ist etwas sehr Seltsames. Alle wissen eigentlich, was Zeit ist, doch niemand kann sie genau beschreiben. Wir machen verschiedene Beobachtungen: Es gibt eine messbare, für alle Menschen gleich geltende Zeit. Diese Zeit kann von allen Menschen mit der Uhr gemessen und in beliebige Abschnitte eingeteilt werden. Daneben gibt es eine Zeit, die von verschiedenen Menschen unterschiedlich gefühlt und erlebt wird.

Zurück in die Zukunft
Albert Einstein hat entdeckt, dass die Zeit nicht immer gleich schnell verstreicht. Ein Beispiel soll diese Entdeckung erklären. Stell dir vor: An ihrem 16. Geburtstag entschließt sich Conny, ohne ihren Zwillingsbruder Bernhard an einem Weltraumflug teilzunehmen. Die Rakete fliegt mit etwa 280 000 km/s von der Erde weg, das ist fast so schnell wie Licht (Lichtgeschwindigkeit 300 000 km/s). Conny kommt zurück zum 36. Geburtstag von Bernhard. Welche Überraschung! Der 36 Jahre alte Bernhard steht einer nur 23-jährigen Schwester gegenüber! Einstein hat in seiner Relativitätstheorie die Lösung dieses Problems gefunden. In der schnell bewegten Rakete verstreicht die Zeit langsamer als auf der Erde. Leider wird dies erst ab Geschwindigkeiten von etwa 30 000 km/s deutlich, viel zu schnell für unsere heutigen Raketen. In der Welt der Atome und Atomkerne finden sich aber diese Geschwindigkeiten und Einsteins Theorie wird glänzend bestätigt.

Vertane Zeit
Tagträume verhelfen zur Flucht aus dem Jetzt
zeigen dir eine heile Welt
ohne schmerzliche Erinnerungen und Ängste
Immer auf dem Sprungbrett zum Glück
Das Jetzt schlägst du tot
an ihm lebst du vorbei
Eingelullt mit Illusion sitzt du den Tag ab
die rosarote Brille auf der Nase

Marika Specker

Gegenwart erleben
Wenn wir uns auf etwas konzentrieren oder etwas sehr schön finden, dann ist es klar, dass wir in der Gegenwart sind. Doch manchmal schweifen unsere Gedanken in die Vergangenheit oder in die Zukunft ab. Das ist meistens auch ganz in Ordnung. Wir müssen ja auch Vergangenem nochmal nachspüren oder etwas planen. Wenn wir aber mit unseren Gedanken nur selten in der Gegenwart sind, wenn wir häufig Tagträume haben, dann kann uns etwas Schönes, Neues entgehen oder wir merken gar nicht richtig, wenn uns jemand weh tut oder uns schaden will.

Tagträume
Tagträume sind solche Träume, die wir während des Tages bei geschlossenen oder offenen Augen für uns selbst erfinden. In den Tagträumen sind wir selbst der Regisseur, die Regisseurin. Wir wählen die Mitspielenden aus, bauen die ganze Szene auf und schreiben das Textbuch. In den Tagträumen kommen nicht einfach Wünsche vor von der Art: Ich möchte eine Eins in Deutsch oder ein neues Fahrrad. Tagträume sind ganze Wunsch-Szenen. Wir stellen uns zum Beispiel genau vor, wie wir ein Tor für unsere Mannschaft schießen. Tagträume kosten Energie, sie sind Lebenszeit. Sie können eine Flucht aus der Wirklichkeit sein: Wir träumen uns weg von Orten und Situationen, die wir als unangenehm empfinden. Wir haben dadurch weniger Möglichkeiten, eine unangenehme Situation zu verändern. Tagträume können uns aber auch verdeutlichen, was wir uns eigentlich wünschen. Dann helfen sie uns, für unsere Wünsche aktiv einzutreten.

◊ In dem rechts nebenstehenden Schaubild findest du auch die Geschichte von Nicola wieder 52 f.! Suche die einzelnen Elemente heraus! Nicht immer wissen wir so viel wie durch das Interview mit Nicola! Überlege dir weitere Beispiele und zeichne sie so auf wie in dem Schaubild angegeben. Du findest sicher noch weitere Absichten des Senders!

Medien werden gemacht

Medien sind Vermittler. Sie können technische Geräte sein, wie etwa Fernseher, Computer, Videorecorder, CD-Player, Radio, aber auch Gedrucktes, wie Bücher, Tageszeitungen, Zeitschriften und Plakate. Medien vermitteln uns Meinungen, Bilder, Eindrücke, indem wir ein Gerät einschalten oder Gedrucktes lesen. Was wir dann sehen, hören oder

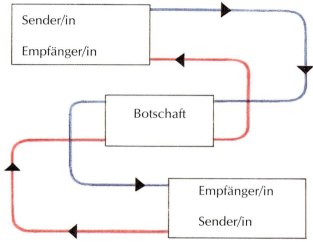

lesen, ist von Menschen gemacht, die wir meist nicht kennen. Wir wissen nicht alles über ihre Absichten. Sie wollen uns zum Beispiel unterhalten, informieren, die Wirklichkeit erklären, Freude bereiten, Angst machen, beeinflussen, uns Geld abnehmen oder selbst welches verdienen.
Manche Absichten sind klar zu erkennen: Wir wissen, dass die Werbung uns Produkte verkaufen will. Manchmal wissen wir nicht so genau, was gemeint ist: Nachrichten, Talk-Shows, Reportagen geben vor, uns über Wirklichkeit zu informieren. Tun sie das immer? Oft ist die wirkliche Absicht verdeckt. Wir stellen auch selten Fragen danach und lassen uns, ohne dass wir es richtig spüren, durch die Medien beeinflussen.

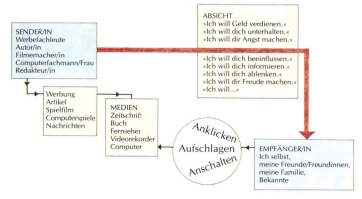

Direkte und vermittelte Kommunikation

Kommunikation heißt, dass Menschen sich Informationen, Gefühle, Absichten mitteilen. Dies kann bei unmittelbarem, direktem Kontakt zwischen den Menschen erfolgen oder bei vermitteltem Kontakt durch die so genannten Kommunikationsmedien (TV, Radio, Computer, Bücher...). Es ist ein Unterschied, ob man mit Menschen direkt oder vermittelt, medial kommuniziert. Einige Vor- und Nachteile vermittelter Kommunikation:

– Wir können Informationen vom anderen Ende der Erde erhalten und etwas von Menschen erfahren, von denen wir ohne Medien nichts wüssten.
– Bei manchen Medien können wir nur einen Teil unseres Kommunikationspartners wahrnehmen, z.B. am Telefon.
– Wir können uns oft nicht gegenseitig berühren, anschauen oder den Abstand zueinander verändern.
– Wir können oft nichts entgegnen oder nicht zurückfragen.

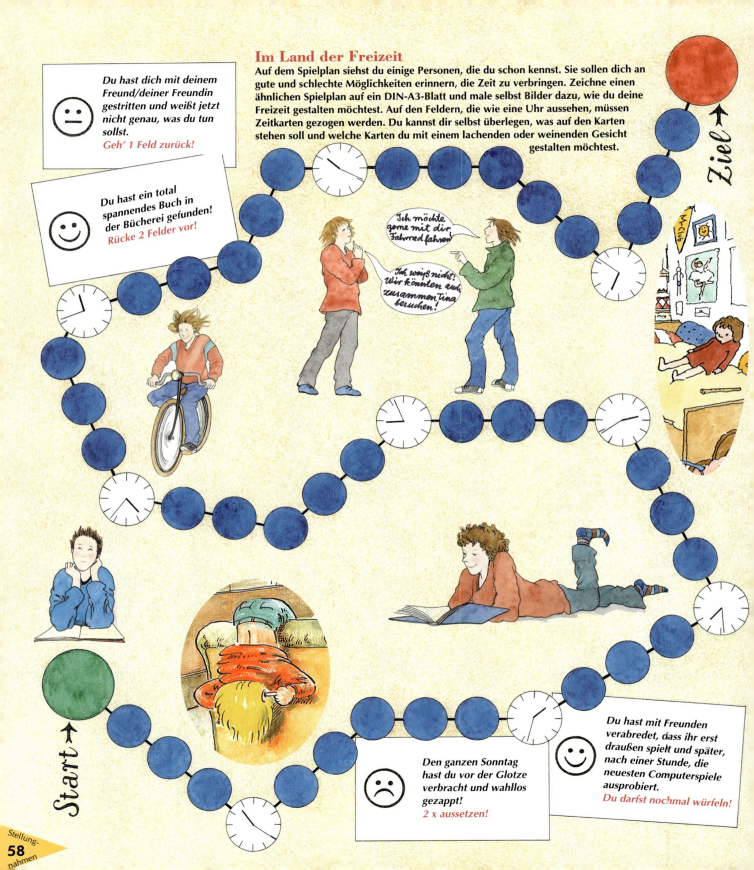

Geschichten der Befreiung

Die Ägypter machten ihnen das Leben schwer
durch harte Arbeit mit Lehm und Ziegeln
und durch alle möglichen Arbeiten auf den Feldern.
So wurden die Israeliten zu harter Sklavenarbeit gezwungen.

Ex 1,14

Das will

Ich will sehen,
wie sein Zelt bei
den Menschen weilt.
Das will ich sehen.
Und er selbst bei ihnen ist.

Ich will sehen,
wie Wolf und Lamm
einträchtig weiden
und der Löwe Stroh
frisst wie ein Stier.

Ich will sehen,
wie er Kriege
aufhören lässt
bis an das äußerste
Ende der Erde.

Ich will sehen,
wie er jede Träne
von ihren Augen abwischt
und der Tod
nicht mehr ist.

Ich will sehen,
dass weder Trauer
noch Schmerz
noch Geschrei
mehr sind.

Ich will sehen,
wie die Augen der
Blinden geöffnet werden
und die Ohren der Tauben
aufgetan werden.

*Gibt es keine Hilfe
mehr für mich,
ist mir jede Rettung
entschwunden?*

Ijob 6,13

ich sehen

Ich will sehen,
wie der Lahme klettert
wie ein Hirsch
und der Stumme jubelt.

Ich will sehen,
wie sie nicht mehr
hungern und dürsten.

Ich will sehen,
wie die Sanftmütigen
die Erde besitzen.
Ich will sehen,
wie der Gerechte
aufblüht wie eine Palme.

Ich will sehen,
wie die Gerechten selbst
die Erde besitzen werden
und sie immerdar darauf
wohnen werden.

Ich will sehen,
wie das Meer diejenigen
Toten herausgibt,
die darin sind, und der Tod
und der Hades diejenigen
Toten herausgeben
die darin sind.

Das will ich sehen,
das will ich sehen.

Sabrina Setlur

Hätte sich nicht der Herr
für uns eingesetzt,
als sich gegen uns
Menschen erhoben,
dann hätten sie uns
lebendig verschlungen,
als gegen uns
ihr Zorn entbrannt war.
Gelobt sei der Herr,
der uns nicht ihren Zähnen
als Beute überließ.
Unsere Seele ist wie ein Vogel
dem Netz des Jägers entkommen;
das Netz ist zerrissen
und wir sind frei.
Unsere Hilfe steht im Namen
des Herrn,
der Himmel und Erde gemacht hat.

aus Psalm 124

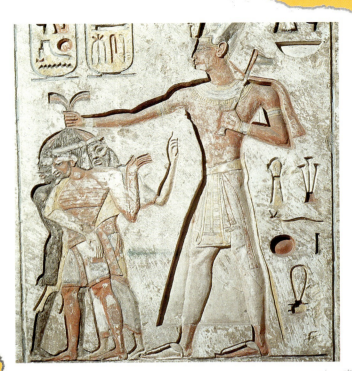

Bilder der Unterdrückung finden

Die alten Ägypter hatten eine großartige Kultur. Was hast du schon darüber gehört?

Nicht alle Menschen damals konnten sich an dieser Kultur freuen. Auf 70 kannst du darüber nachlesen.

Auch heute gibt es Situationen der Unfreiheit. Sicher findest du Bilder, Geschichten und Berichte, die Menschen in Unterdrückung und Unfreiheit darstellen.

Einiges gibt es auch auf 60 f. zu entdecken.

Eine Landkarte gestalten

Die Geschichte von der Befreiung und Rettung der Israeliten beginnt in Ägypten. Auf den folgenden Seiten lernst du diese Geschichte kennen. Gestalte mit deiner Gruppe eine große Landkarte vom Weg der Israeliten von Ägypten bis nach Palästina*. Auf dieser Wandkarte könnt ihr dann die Orte, in denen die Erzählungen spielen, markieren und mit Bildern und Texten ausgestalten. Am besten ihr fangt mit dieser Israel-Stele* an. Sie stammt aus der Zeit um 1200 v. Chr. und ist der älteste Beleg für den Namen »Israel« in Ägypten.

Angst überstehen

Der Farbholzschnitt 67 deutet die gelungene Flucht aus Ägypten und den Durchzug durch das Schilfmeer. Übertrage die Wasserwirbel auf ein großes Blatt und schreibe die Ängste und Nöte der Menschen hinein. Legt nun alle Bilder zu einem großen Bild auf dem Boden zusammen und geht durch die Ängste und Nöte hindurch.

Kraft des Glaubens gegen Unterdrückung

Victor Manuel 72 hat am eigenen Leib erfahren, dass Christen gegen Ungerechtigkeit angehen und sich für eine menschenfreundliche Welt einsetzen. Kennnst du weitere Beispiele? Tragt eure Ideen zusammen.

Singen und Sammeln

Traditionell

1. When Israel was in Egypt's land:
Oppressed so hard they could not stand:
Let my people go.
Let my people go.

Go down, Moses,
way down in Egypt's land.
Tell oh Pharaoh:
Let my people go.

Einen eigenen Hoffnungs-Song texten

Sabrina Setlur, Liedermacherin:
»Also mir ist schon klar, dass ich hier auf der Platte die meiste Zeit damit verbringe, negatives Zeug zu reden. Das liegt aber wahrscheinlich daran, dass ich nur negatives Zeug sehe und deshalb auch nur über negatives Zeug nachdenke.
Wie auch immer, – ich find, das wär alles nicht zu ertragen, wenns nicht 'ne Hoffnung gäbe. Ne Hoffnung auf bessere Dinge in besseren Zeiten ... «
Solche Hoffnungsbilder kannst du im Liedtext 60 f. nachlesen. Versuche deine Hoffnung mit eigenen Worten auszudrücken. Du kannst die Sprache des Liedes zu Hilfe nehmen:
»Das will ich sehen: ...«

Vergiss nicht, was er dir Gutes getan hat

Heute ist ein aufregender Tag für Bella. Sie ist die Jüngste in ihrer großen jüdischen Familie. Deshalb wird sie heute Abend zu Beginn des Pessach*-Festes ihrem Vater die vier Fragen stellen, damit er dann die Geschichte der Befreiung der Israeliten aus Ägypten vor der Familie und allen Gästen erzählen kann.
»Jedes Jahr das Gleiche«, denkt sie. »Warum bloß?«
»Weil wir alle nicht vergessen wollen, dass uns unser Gott gerettet hat. Dabei hoffen wir auch, dass er uns hilft, wenn wir jetzt in Not und Bedrängnis kommen«, hat ihr die Mutter erklärt.
Das sieht Bella ein. Und so setzt sie sich auch dieses Mal morgens über die Fragen und lernt sie wieder neu auswendig.
Als es Abend wird, kommen die Gäste, die ihre Eltern zum Seder-Mahl eingeladen haben. Alle setzen sich um den feierlich gedeckten Tisch. Als die Erwachsenen den ersten Becher Wein ausgetrunken haben und der zweite Becher bereits eingeschenkt ist, beginnt Bella:
»Ma nischtanne ... warum ist diese Nacht so ganz anders als die übrigen Nächte?« Ihr Vater erinnert an die Geschichte des Volkes:

In jenen Tagen wohnte das Volk in Ägypten. Es war dort fruchtbar und vermehrte sich. Da sprach ein neuer König von Ägypten: Dieses Volk Israel ist zahlreicher als wir, es wird uns zu mächtig. Wir müssen mit Klugheit vorgehen. Er stellte Sklaventreiber an, dass sie die Kinder Israels mit Zwangsarbeit unter Druck halten sollten. Aber je mehr man sie unterdrückte, desto zahlreicher wurden sie, sodass man die Israeliten zu fürchten begann. Da sprach der König von Ägypten: Werft jeden Knaben, der im Volk Israel geboren wird, in den Nil.
Nun lebte da ein Mann aus dem Stamm Levi, der ein levitisches Mädchen zur Frau hatte. Die Frau wurde schwanger und gebar einen Sohn. Als sie sah, dass es ein Knabe war, hielt sie ihn drei Monate lang verborgen.
Als sie ihn aber nicht länger verbergen konnte, machte sie ein Körbchen aus Schilf, dichtete es mit Pech ab, legte den Knaben hinein und stellte es irgendwo in das Schilf am Ufer des Nils.
Und als die Tochter des Pharao zum Nil hinabstieg um zu baden, fand sie das Körbchen im Schilf. Sie öffnete es und sah einen kleinen Knaben, der weinte.
Sie hatte Mitleid und sagte: Das ist sicher eines von den Kindern Israels. Sie nahm es mit sich und nannte es Mose, denn sie sagte: Ich habe ihn aus dem Wasser gezogen.

nach Ex 1,8- 2,1-10

◇ Mose wird am Hof des Pharao wie ein Königssohn erzogen. Wie die Herrscher dort ihre Macht ausgeübt haben, kannst du auf ◀60 ◀62 70▶ erforschen. Was lernt Mose am Hof?

◇ Was Mose als Erwachsener tut und warum er schließlich vor dem Pharao* flüchten muss, steht in der Schulbibel: Ex 2,11-22.

Der Mose hat's gut. Er ist aus der Sklaverei geflohen und in Sicherheit. Aber die anderen leiden weiter.

Als Mose eines Tages in der Nähe des Gottesberges Horeb Schafe hütete, erschien ihm der Gott Israels in einer Feuerflamme, mitten aus einem Dornbusch. Da brannte der Dornbusch und verbrannte doch nicht. Mose sagte: Dieses außergewöhnliche Schauspiel muss ich mir aus der Nähe anschauen.
Als Gott ihn näher kommen sah, rief er ihm aus dem Dornbusch zu: Mose, Mose!
Er antwortete: Hier bin ich.
Gott sagte: Komm nicht näher! Leg deine Schuhe ab; denn der Ort, wo du stehst, ist heiliger Boden. Und er fuhr fort: Ich bin der Gott deines Vaters, der Gott Abrahams, der Gott Isaaks und der Gott Jakobs. Da bedeckte Mose sein Gesicht; denn er wagte es nicht, Gott anzublicken.
Und Gott sprach: Ich habe das Elend meines Volkes gesehen und sein Rufen nach Befreiung gehört. Darum bin ich herabgestiegen, um es aus der Macht Ägyptens zu erlösen. Und jetzt geh! Ich sende dich zum Pharao. Führe mein Volk aus Ägypten heraus!
Mose aber antwortete: Wer bin ich, dass ich das Volk aus Ägypten wegführen könnte? Wenn ich zu deinem Volk gehe und sage: Der Gott eurer Väter sendet mich zu euch, werden sie mich fragen: Wie lautet sein Name? Was soll ich ihnen dann sagen?
Gott antwortete: Der »Ich-Bin-Da« hat mich zu euch gesandt. Das ist mein Name für immer.
Aber Mose sagte: Aber bitte, Herr, ich kann nicht gut reden. Ich habe es niemals gekonnt und kann es jetzt nicht, obwohl du mit deinem Knecht sprichst.
Da entgegnete Gott: Wer hat dem Menschen einen Mund gegeben, und wer macht taub oder stumm, sehend oder blind? Doch wohl ich! Geh also: Ich-Werde-Da-Sein. Ich werde dir sagen, was du zu sagen hast. Darauf ging Mose zum Pharao.

nach Ex 3 und 4,1-17

◇ Mose hat viele Gründe, nicht nach Ägypten zu gehen. Stell dir vor: Du befindest dich in der Lage des Mose. Welche Gründe gegen den Auftrag bringst du vor?

◇ Male einen brennenden Dornbusch und um ihn herum alle Einwände, die du gefunden hast. Wo könnte das, was Gott dem Mose verspricht, auf deinem Bild Platz finden?

◇ Gläubige Juden erinnern sich bewusst an die lange Befreiungsgeschichte ihres Volkes mit Jahwe. Beschreibe, wie diese Erfahrung ihren Glauben wohl prägt.

Von einer Rettung erzählen

T/M: Claudia Mitscha-Eibl

1. Im Lan-de der Knecht-schaft, da leb-ten sie lang, in frem-de Ge-fil-de ver-bannt, ver-ges-sen die Frei-heit, ver-stummt ihr Ge-sang und die Hoff-nung ver-gra-ben im Sand. Nur heim-lich im Her-zen, da heg-ten sie bang den Traum vom ge-lob-ten Land. Doch:
2. Die Nar-ben der Knecht-schaft an Schul-tern und Knien, die Bli-cke ver-hal-ten und scheu, die Rü-cken ge-beugt noch, so ziehn sie da-hin und die Frei-heit ist dro-hend und neu. Es lockt die Ver-su-chung, zu-rück zu fliehn in die Si-cher-heit der Skla-ve-rei. Doch:
3. Die Ban-de der Knecht-schaft, die fall'n lang-sam ab, die Schrit-te ver-ler-nen den Trott: Ent-wach-sen den Ket-ten, ent-stiegen dem Grab: Das Le-ben be-sieg-te den Tod. Ihr Weg ist noch weit, doch sie ha-ben die Kraft, denn in ih-ren Her-zen ist Gott: Denn:

Refrain: (schneller werdend)
Mir-jam, Mir-jam schlug auf die Pau-ke und Mir-jam tanz-te vor ih-nen her.
Al-le, al-le fin-gen zu tan-zen an, tan-zend zo-gen sie durchs Meer.
La la la la la la lei la la la la lei la la la la la lei lei la la la la lei la la la la
la la la la la la la la. La la la la la la lei la la la la lei la la la la lei
lei la la la la lei la la la la la la la.

Thomas Zacharias, 1967

Die Befreiungsgeschichte wird weitererzählt...

Die Israeliten blickten auf und sahen plötzlich die Ägypter von hinten anrücken. Da erschraken die Israeliten sehr. Mose aber sagte zum Volk: Fürchtet euch nicht. Der Herr kämpft für euch.
Und der Herr trieb die ganze Nacht das Meer durch einen starken Ostwind fort. Er ließ das Meer austrocknen.

Als der Pharao sich näherte, schrien die Israeliten zum Herrn. Mose streckte seine Hand über das Meer aus und das Wasser spaltete sich. Die Israeliten zogen auf trockenem Boden ins Meer hinein, während rechts und links das Wasser wie eine Mauer stand.

◇ Vergleiche die beiden Texte von der Rettung am Schilfmeer miteinander. Wo wird das Handeln Gottes dramatischer dargestellt? Wähle einen Text aus und male dazu ein Bild.

◇ Hier sind die Ausschnitte aus der Erzählung getrennt abgedruckt. In der Bibel sind die Geschichten ineinander verwoben (Ex 14). Wenn du dich auf 69 ▶ informierst, kannst du selber herausfinden, welcher Abschnitt aus der neuen Knechtschaft in babylonischer Gefangenschaft stammt.

Tonzylinder aus Babylon mit Keilschrift über den Perserkönig Kyrus: Er eroberte Babylon und ließ die Israeliten aus der babylonischen Gefangenschaft frei.

Die Israeliten in Babylonien

Als die Israeliten schon lange im Land Palästina* sesshaft geworden waren und ein großes Volk bildeten, wurde ihre Hauptstadt Jerusalem* vom babylonischen König Nebukadnezar II. erobert. Viele Israeliten wurden in die Gefangenschaft nach Babylonien verschleppt.
Dort kamen sie mit dem Glauben der Babylonier in Berührung. Damit sie ihren Gott Jahwe, der sie aus Ägypten geführt hatte, nicht vergaßen und die Hoffnung auf eine Rückkehr nach Israel nicht aufgaben, erzählten sie sich viele Geschichten von ihrem rettenden Gott Jahwe neu.
Als die Israeliten 539 v. Chr. von König Kyrus die Erlaubnis erhielten, in ihre Heimat zurückzukehren, nahmen sie diese babylonischen Geschichten mit nach Hause und erzählten sie zusammen mit den alten Geschichten.

Marduk und Tiamat

Die Babylonier lebten in Mesopotamien, dem Land zwischen den großen Flüssen Euphrat und Tigris. Dieses Land war fruchtbar und brachte den Bewohnern reiche Ernte. Einmal im Jahr richteten große Überschwemmungen schreckliches Unheil an. Viele Menschen starben. Erst im Frühjahr ging das Wasser zurück und das Land wurde wieder sichtbar. Leben war wieder möglich.

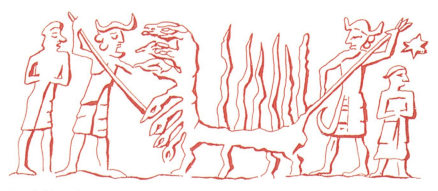

Siegelbild aus der Zeit um 2300 v. Chr.: Der Ozean ist als göttliches Ungeheuer dargestellt, das von anderen Göttern bekämpft wird.

Dieser Naturvorgang wurde als Göttergeschichte dargestellt: Der Gott Marduk (er wurde als Sonnen- und Wettergott von den obersten Göttern zur Herrschaft über die Erde eingesetzt) kämpft mit Tiamat, der Göttin des Ozeans. Marduk besiegt Tiamat und tötet sie, indem er sie in zwei Teile spaltet. Die eine Hälfte wird das Himmelsgewölbe, aus dem der wohltuende Regen fällt und den Menschen zugute kommt. Der andere Teil dient den Menschen als Quellwasser.

Dieser Mythos* wird in der Schilfmeererzählung verarbeitet. Gott Jahwe spaltet mit mächtiger Hand die bedrohliche Flut, lässt das Land sichtbar werden und rettet damit sein Volk. Die Israeliten erfahren: Jahwe ist mächtiger als Marduk, der oberste Gott der Babylonier.

... und ist noch nicht zu Ende

◇ Bis heute erinnern sich gläubige Juden an die befreiende Geschichte vom Auszug aus Ägypten. Einmal im Jahr, am Freitag beim Fest des Seder-Abends, stellt das jüngste Mitglied einer jüdischen Familie die Fragen nach der Rettung aus der Sklaverei und der Vater erzählt die Geschichte ◀64.

◇ Auch anderen Unterdrückten hat die Befreiungsgeschichte der Israeliten Hoffnung gemacht. Zum Beispiel haben sich schwarze Sklavinnen und Sklaven auf Baumwollplantagen in Nordamerika gemeinsam an die Befreiung der Israeliten aus der Sklaverei erinnert. Sie haben gemeinsam Lieder davon gesungen, so genannte Spirituals ◀63, und dadurch die Hoffnung auf ihre eigene Rettung wach gehalten. Kennst du noch andere Lieder, auch aktuelle? Vielleicht entsteht ein Klassenliederbuch.

Der Bund

Der Pharao Ramses II.

Malerei im Tempel Abu Simbel in Ägypten: Pharao Ramses II. nach der Schlacht, noch mit dem Bogen in der Hand. Er opfert den drei Göttern Gefangene.

Vor mehr als 3000 Jahren in den riesigen Tempelanlagen Ägyptens: Auf den blendend weißen Gips der Mauern sind in leuchtenden Farben die Heldentaten des Pharao* Ramses II. gemalt. Er erscheint immer als der »triumphierende König«. Dieser ehrgeizige Herrscher regierte fast 67 Jahre lang (von 1290 – 1224 v. Chr.) in Ägypten. Während seiner Regierungszeit entstanden viele bedeutende Bauwerke, die unzählige Sklaven und Fremdarbeiter errichten mussten. In Ramses' Regierungszeit fällt auch der Auszug der Israeliten aus Ägypten. Die Überlieferungen berichten von militärischen Auseinandersetzungen zwischen Ramses II. und den halb ansässigen Kleinvieh-Nomaden aus dem südostpalästinischen Bergland. Unter ihnen befanden sich auch Angehörige eines Sippenverbandes mit dem Namen »Jahwe«.

Klagen in Ägypten

Das Leben und die Werke der Pharaonen in Ägypten sind uns in großartigen Bildern und Geschichten überliefert. Doch kennen wir auch Texte, die von den Nöten der einfachen Menschen sprechen, die in dieser Zeit gelebt haben. So schreibt ein ägyptischer weiser Mann in der Sprache seiner Zeit (um 1300 v. Chr.) an seinen König:

Es ist doch so: Das Lachen ist vergangen, man tut es nicht mehr. Trauer erstreckt sich durch das Land hin, vermischt mit Klagen. Es ist doch so: Groß und Klein sagen: »Ich wollte, dass ich sterben könnte.« Kleine Kinder sagen: »Hätte er mich doch nicht ins Leben gerufen.« Es ist doch so: Kinder von Großen werden an die Mauern geschlagen, und Tragkinder werden auf den Wüstenboden gelegt ...

Zwei Heldinnen: Schifra und Pua

Auch in der Bibel findest du eine Geschichte von der Grausamkeit des Pharao* gegenüber den Israeliten und vom Mut von zwei ägyptischen Hebammen, die sich dem Befehl des allmächtigen Pharaos widersetzten. Ihre mutige Weigerung ermöglichte die Befreiungsgeschichte der Israeliten mit ihrem Gott Jahwe. Ihre Namen sollte man sich deshalb merken: Schifra, das heißt Schönheit, und Pua, das heißt Glanz.
In Ex 1,15-22 findest du die Geschichte dieser beiden Heldinnen.

...mit Gott

Lange vor den Israeliten herrschten mächtige Könige in den Ländern des Alten Orients*. Sie strebten danach, ihren Einflussbereich ständig auszudehnen. Sie drängten daher ihre schwächeren Nachbarvölker, oft mit Gewalt, Verträge zu unterschreiben, die diese Völker abhängig machten. Solche Völker nennt man Vasallenvölker und ihren König Vasall. Der Vertrag wurde auch Bund* genannt.

Viele solcher Verträge wurden bei Ausgrabungen gefunden. Man hat sie übersetzt und dabei eine verblüffende Ähnlichkeit mit Texten der Bibel festgestellt. So sieht ein so genanntes Bundesformular aus, das das Verhältnis des Großherrschers zum Vasallenvolk und zum Vasallenkönig regelt:

Der Großherrscher stellt sich vor:
»Ich bin der Große,
Ich bin der Herr,
Ich bin der Held,
Ich bin der König,
Ich bin die Sonne....«

Der Großherrscher zählt auf, was er dem Vasallenvolk schon Gutes getan hat:
»Ich habe dir bei einer Hungersnot geholfen.
Ich habe dir meine Soldaten geschickt,
als du von Feinden angegriffen wurdest ...«

Der Großherrscher sagt, was er grundsätzlich von dem Vasallen erwartet:
»Ich bin dein Herr, du bist mein Sohn, heute habe ich dich gezeugt. Sorge nicht, ich gebe dir alles, was du brauchst. Einen anderen Herrn hast du nicht!«

Der Großherrscher zählt auf, was der Vasall befolgen muss:
»Du musst alle Rechtsvorschriften halten.
Du musst einmal im Jahr bei mir erscheinen und Tribut (= Tiere, Erntefrüchte) abliefern.
Ich schütze dich dafür bedingungslos.
Ich werde dafür sorgen, dass deine Söhne deine Nachfolger werden.
Du musst die Vertragsurkunde regelmäßig deinem versammelten Volk vorlesen.«

Der Vertrag wird hinterlegt
Er wird auf Stein-, Bronze- oder Silbertafeln gemeißelt und im Tempel des Großherrschers und des Vasallen hinterlegt.

Der Großherrscher ruft die Götter als Zeugen des Vertrages an.

Der Großherrscher kündigt dem Vasallen Fluch und Segen an.
Der Vasall erhält sein Land nun als Lehen (= geliehen). Dieses Lehen muss er gut versorgen und dem Herrn Erträge abliefern. Wenn er das nicht macht, wird er bestraft und das Lehen wird ihm weggenommen.

◇ Stell dir vor: Du bist Untertan eines Vasallenkönigs. Welche Punkte des Vasallenvertrags findest du gut? Welche würdest du eher ablehnen?

◇ Versuche dich nun mit deiner Gruppe als Bibelwissenschaftler: Jede und jeder sucht sich einen oder mehrere Punkte aus dem Vertrag der altorientalischen Völker heraus. Lest in der Bibel die Kapitel 19, 20 und 24 im Buch Exodus und findet heraus, welche Bibelstellen zu euren Vertragspunkten passen. Zusammen findet ihr sicher alle Ähnlichkeiten. Wo ist nun der entscheidende Unterschied zwischen den Verträgen der alten Völker und dem Bund* in der Bibel?

»I have a dream...«
Martin Luther King

Ich kann viel ertragen weil Gott mich trägt.

Sterne sieht man nur im Dunkeln, obwohl sie auch tagsüber da sind.
Mechthild Schenk

Eine Befreiungsgeschichte aus unserem Jahrhundert

Meine Mutter ist komisch, sie ist jeden Tag betrunken, von meinem Vater hat sie mir nie erzählt. Mein Bett waren einige Kartons und es war immer kalt. Das Dach unserer Hütte bestand aus Plastikfolie. Ich wollte nie zu Hause sein, warum auch? Ich existiere nicht für meine Mutter. Dann war ich für fünf Jahre in einem Heim mit vielen anderen hundert Kindern. Wieder hatte ich keine Mutter. Jede Nacht machte ich mein Bett nass. Ich war ganz leer. Dann habe ich angefangen zu klauen. Es war gar nicht spannend. Ich hatte immer große Angst und bin oft erwischt worden. Deswegen bin ich auch aus mehreren Schulen rausgeflogen. Dann fing ich an, andere zu verprügeln. So habe ich gezeigt, dass ich auch noch existiere. So habe ich mich wohlgefühlt, aber keiner hat mich gemocht.

Ich kann mich noch genau erinnern: Als die Schwalben, die meine Freunde sind, im Frühling auftauchten, brachte mich jemand in die Jugendstadt. Da war ich plötzlich in einer Familie, hatte mein eigenes Bett, einen eigenen Schrank und wohnte mit neun anderen Kindern wie »richtige Kinder«. Erst glaubte ich, dass ich hier genau so kämpfen müsste, aber man hat mich ausgelacht. Jetzt bin ich wirklich Victor Manuel. Gewachsen bin ich nicht sehr, aber ich bin als guter Folkloretänzer gesucht, ich mache das besser als andere. Ich habe auch eine Schultasche. Mathe gefällt mir nicht, aber Tennis spiele ich gerne. Ich will mal in der Zeitung stehen.

Victor Manuel

»Cap Anamur« rettet Boat people

Mich umfingen die Fesseln des Todes,
mich erschreckten die Fluten des Verderbens.
In meiner Not rief ich zum Herrn und schrie zu meinem Gott
aus seinem Heiligtum hörte er mein Rufen,
mein Hilfeschrei drang an sein Ohr.
Er griff aus der Höhe herab und fasste mich,
zog mich heraus aus gewaltigen Wassern.
Er entriss mich meinen mächtigen Feinden,
die stärker waren als ich und mich hassten.
Er führte mich hinaus ins Weite,
er befreite mich, denn er hatte an mir Gefallen.

Aus Psalm 18

◇ Victor Manuel lebt in Chile in einer Jugendstadt, die Christen für heimatlose Jugendliche gegründet haben. Wie kannst du seine Geschichte in Zusammenhang bringen mit der Erfahrung, die in dem alttestamentlichen Psalm ausgedrückt ist?
◇ Formuliere ein Bitt- oder Dankgebet oder verfasse einen eigenen Psalm.
◇ Was bedeutet Rettung und Befreiung für Menschen heutiger Zeit – und für dich?

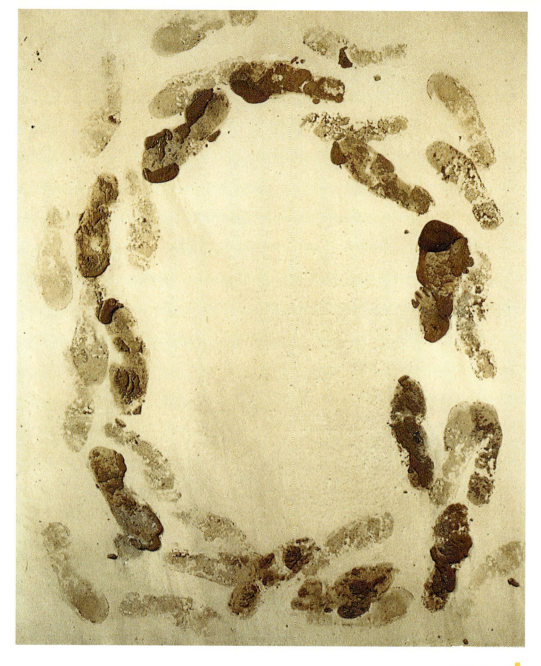

Orientierung finden

Aus einer Schulordnung von 1913

§ 1

Der Eintritt in das Schulhaus und Schullokal geschieht lautlos und ohne Geräusch. Vor dem Eintritt haben die Schüler ihre Schuhe zu reinigen. Hüte, Mützen usw. sind an dem dazu bestimmten Platze abzulegen. Es ist streng untersagt, dass die Schüler lärmen, im Schul- oder Klassenzimmer umherlaufen, sich um den Ofen stellen oder überhaupt nur von ihren Plätzen wegrücken.

Frei-Räume finden

als Kanon zwei- oder vierstimmig

① Fin - de den Raum

Fin - de die Kraft,

② Au - gen, die Recht und Un -

Fü - ße, die neu - e We -

Aus einer Bestimmung der Frankfurter Ratsordnung für den Fischmarkt von 1388:

»Auch ist der Rat übereingekommen, dass keine Frau grüne Fische oder Krebse freihalten darf oder auf dem Fischmarkt daneben stehen darf, um Fische oder Krebse zum Verkauf anzupreisen oder auszurufen. Sie dürfen aber durchaus ihren Ehemännern, ihren Verwandten oder ihrem Herrn Fische oder Krebse auf den Markt tragen, und anschließend sollen sie sofort weggehen.«

Hausordnung:
1. Die Gäste werden gebeten, im Haus und auf den Zimmern Hausschuhe zu tragen.
2. Im Speiseraum und in den Gästezimmern ist das Rauchen verboten.

T/M: Claudia Mitscha-Eibl

... en Traum zu ent-fal-ten!
... Welt zu ge-stal-ten!
... Oh-ren, die laut und leis' ver-stehn
... Hän-de, die Hän-de hal-ten.

Die Zehn Weisungen zum Leben

Er befreite sein Volk Israel aus der Knechtschaft in Ägypten. Dann führte er es zum Berg Sinai und machte ihm klar, wie groß die Freiheit ist, die man mit Gott hat. Er machte ihnen das klar in zehn Sätzen. Acht von diesen zehn Sätzen beginnen mit: »Du wirst nicht... «. Zwei beginnen mit: »Du wirst... «. Keiner beginnt mit: »Es ist verboten... «, sondern alle fangen an:
»Ich, Gott, und du, Mensch, wir gehören jetzt zusammen. Und wenn wir zusammenbleiben, dann wird dein Leben folgendermaßen aussehen:
Du wirst keine anderen Götter haben.
Du wirst meinem Namen Ehre machen.
Du wirst dich nicht zu Tode hetzen.
Du wirst in deiner Familie ein menschliches Leben finden.
Ich, der allmächtige Gott, will dein Vater im Himmel sein. Du kannst es dir leisten, dich in Liebe einzuordnen und so deine Freiheit zu gewinnen.

Ernst Lange, nach Ex 20,1-17

Etwas dürfen

Lisa ist etwas aufgegangen: Ihr Leben hat sich verändert. Sie darf jetzt schon mehr. Überlege, was du jetzt schon selbstständig machen darfst im Vergleich zu früher.

Was soll gelten?

Auf 74 f findest du einige Regeln, Gebote und Verbote. Sicher kennst du viel mehr. Sammelt sie in der Gruppe und schreibt sie auf Kärtchen. Sind wirklich all diese Regeln zeitgemäß und hilfreich? Welche Regeln sollen immer und überall beachtet werden?
Ordnet eure Kärtchen entsprechend: hilfreich, zu einer bestimmten Zeit gültig, an einem bestimmten Ort gültig, immer und überall gültig.

Spannung halten

Die Kinder der 6 b haben sich im Kreis aufgestellt. Sie versuchen gemeinsam, ein Seil zu straffen und mit ihm einen gleichmäßigen Kreis zu formen. Probiert es einmal in eurer Klasse aus. Alle sollen dabei das Gefühl haben, locker und sicher zu stehen und von allen anderen mitgehalten zu werden. Welche Fähigkeiten und Regeln helfen euch, einen schönen Kreis zu bekommen?

Sich etwas zutrauen

Vielleicht geht es dir auch wie Gerd: Du bist davon überzeugt, dass du vieles selbstständig erledigen könntest. Du möchtest selbst entscheiden und mehr Verantwortung für dein Tun übernehmen. Was traust du dir von dem, was dir noch nicht erlaubt ist, schon zu?

Typisch Mädchen! Typisch Junge!

Manche Menschen wissen ziemlich genau, was typisch für Mädchen und typisch für Jungen ist. Wenn ihr herausfinden wollt, wie ihr in eurer Klasse darüber denkt, geht so vor: Jeweils zwei Mädchen gestalten ein Mädchen-Plakat zum Thema »Wie sind Mädchen?« bzw. zwei Jungen ein Jungen-Plakat zum Thema »Wie sind Jungen?«.

Ihr könnt dazu Bilder aus Zeitschriften und Katalogen verwenden. Findet ihr dort alle Bilder, die ihr braucht? Vielleicht müsst ihr einiges selber zeichnen. Die Fotos und Zeichnungen könnt ihr dann durch Sprechblasen ergänzen. Stellt euch die fertig gestellten Plakate gegenseitig in der Klasse vor und sprecht über sie.

Spielregeln erfinden

Spielflächen und Spielsteine sind vorhanden. Aber es gibt leider keine Spielregeln! Ihr könnt euch Spielregeln ausdenken. Setzt euch dazu in Viergruppen zusammen, übertragt die Spielfläche auf ein DIN-A4-Blatt und schneidet vier verschiedenfarbige Spielsteine aus. Habt ihr die Regeln für euer Spiel vereinbart? Dann kann es losgehen!

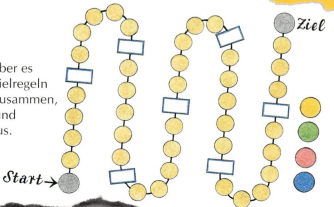

Rollen annehmen und gestalten

Der russische Dichter Maxim Gorki erzählt in seiner Geschichte »Hochzeit« vom Rollenspiel eines Geschwisterpaares.
An einem verregneten Nachmittag sind die Geschwister Sonja und Petja zu Hause. Petja wollte mit seiner Schwester Sonja unbedingt Hochzeit spielen. Doch da sich beide kurz vorher gestritten hatten, hatte sie zuerst keine große Lust. Aber Petja versuchte sie zu überzeugen...

»Was werden wir nach der Hochzeit machen?«
Petja geriet ein wenig in Verlegenheit; die Schwester sah ihn forschend an: Wahrscheinlich begann das Spiel sie zu interessieren. Ihre Augen blitzten vor Aufregung.
»Das Nachher kommt später... Das wird sich schon finden... Wir werden wohnen... Gäste empfangen, vielleicht schleppen wir Joujou und die Katze herein, das werden die Gäste sein... Wir werden ins Theater fahren – in Mamas Zimmer... Und überhaupt werden wir leben wie die Verheirateten; ich werde mit dem Buch zum Dienst gehen wie Papa und du wirst Mittagessen kochen und aufräumen wie... «
»Mama macht nichts!«, berichtigte Sonja die Ordnung des Familienlebens.
»Ich wollte sagen: wie das Stubenmädchen Annuschka... Dann werde ich schmollen wie Papa und du wirst in dein Zimmer gehen und so tun, als hättest du dich eingeschlossen... Und ich werde schreien, weißt du, wie Papa am Sonntag. Er schlug sogar mit der Faust auf den Tisch und hat gespuckt«, erzählte Petja aufgeräumt. »Und mit dem Fuß hat er einen Stuhl umgeworfen... «
Bräutigam und Braut zogen sich für die Hochzeit um. Er nahm sie an der Hand und führte sie um den Tisch herum, dabei pustete er die Backen auf und machte ein feierliches Gesicht.
»Herrgott, sei uns gnädig! Herrgott... «, sang er mit verdrehten Augen und schwang dabei den linken Arm, als ob er ein Weihrauchgefäß schwenkte.
Sonja ging hinter ihm, die Augen niedergeschlagen, den Kopf verschämt zu seiner Schulter hingeneigt. Mit der freien Hand hielt sie die Schleppe fest.
»Herrgott, sei gnädig deiner Dienerin Sonja!«, sang Petja und stolperte über die Schleppe der Braut.
»Wieviel hast du nur um dich herumgewickelt?... Ich werde noch fallen... Nimm sie doch etwas höher!«
»Wir haben keine Ringe... «, sagte Sonja plötzlich und blieb stehen. »Man braucht doch Ringe.«
Petja schaute sie fragend an, wobei er den Lampenschirm auf dem Kopf zurechtrückte.
»Ja«, nickte sie, »wir brauchen Ringe.«
»Ach, das macht nichts... Wir sind schon fertig... schon verheiratet. Jetzt gehen wir nach Hause.«
Sie begaben sich in die Ecke des Zimmers, das ihr Haus darstellte, setzten sich auf zwei Schemel nebeneinander und hielten sich an den Händen.
»Jetzt wollen wir uns unterhalten«, schlug Petja vor.
»Worüber?«, fragte die Schwester.
»Über irgendetwas... Man kann doch nicht heiraten und dann dasitzen und schweigen.«
»Ich habe keine Lust zu sprechen... «, sagte Sonja nachdenklich.
»Wieder hast du Launen... Mit dir kann man gar nicht spielen... «
Sonja löste vorsichtig ihre Hand aus der des Bruders. »Ich spiele doch nicht mehr!«
»Ich will nicht, dass du nicht spielst... Du bist meine Frau und sollst mir gehorchen...«
»Wir haben doch gespielt, nicht wahr? Warum weinst du dann?... Dummchen!« Er lachte.
»Hast du nicht richtig geschimpft?«, fragte Sonja lächelnd und bereits verlegen.
»Das ist doch so ein Spiel, bei dem man sich zanken muss! Mann und Frau zanken doch immer –, und wenn man das spielt, muss man sich eben auch zanken.«
Sonja lachte plötzlich unaufhaltsam und steckte Petja damit an; sie lachten lange über das komische Spiel, Mann und Frau.

Maxim Gorki

◇ Die Kinder spiegeln in ihren Rollen das Verhalten der Erwachsenen wider. An welchen Äußerungen lässt der Dichter das erkennen? Solche, aber auch ganz andere Verhaltensweisen gibt es auch heute noch.

Eduwind Sanuys, 1969, Höhe ca. 5 m

Wege, die die Bibel weist

Eines Tages fragte ein Gesetzeslehrer Jesus:

Meister, welches Gebot im Gesetz ist das wichtigste? Er antwortete ihm:
Du sollst den Herrn, deinen Gott, lieben
mit ganzem Herzen, mit ganzer Seele und mit all deinen Gedanken.
Das ist das wichtigste und erste Gebot.
Ebenso wichtig ist das zweite: Du sollst deinen Nächsten lieben wie dich selbst.

Mt 22,36-39

Für die Jüngerinnen und Jünger wurde Jesus selbst zum Wegweiser durch seine Worte und Taten.
Eines Tages entstand ein Streit darüber, wer unter den Jüngern wohl der Wichtigste sei.
Jesus antwortete ihnen mit einem Vergleich:

Die Könige herrschen über ihre Völker, und die Mächtigen lassen sich Wohltäter nennen.
Bei euch aber soll es nicht so sein, sondern der Größte unter euch soll werden wie der Kleinste,
und der Führende soll werden wie der Dienende.
Welcher von beiden ist größer, wer bei Tisch sitzt oder wer bedient?
Natürlich der, der bei Tisch sitzt.
Ich aber bin unter euch wie der, der bedient.

Lk 22, 25-27

Alles, was ihr von anderen erwartet, das tut auch ihnen.

Mt 7,12

Wer dient – **hört zu.**
Wer dient – **sieht hin.**
Wer dient – **steht auf.**

Wer dient – **geht hin.**
Wer dient – **hilft mit.**
Wer dient – **hilft auf.**

Wer dient – **beschützt.**
Wer dient – **will verstehen.**

◇ Das Wort *dienen*, das Jesus verwendet, bezeichnet das äußere Handeln, aber auch die innere Haltung gegenüber den Mitmenschen. Das kleine Gedicht nennt verschiedene Bedeutungen des Begriffes dienen. Findet zu jeder Zeile eine passende Situation aus dem Alltag. Such dir eine Zeile des Gedichts aus, die dir besonders gefällt. Du kannst Gesten dazu erfinden oder ein Bild gestalten.

◇ Auf Themenseite ◂75 findest du Informationen zu den zehn Weisungen, die die Israeliten befolgten, um gut zusammen zu leben und ihre neu gewonnene Freiheit nicht mehr zu verlieren. Besprecht die Weisungen: Wodurch ermutigen sie und helfen, dass das Leben gelingt?

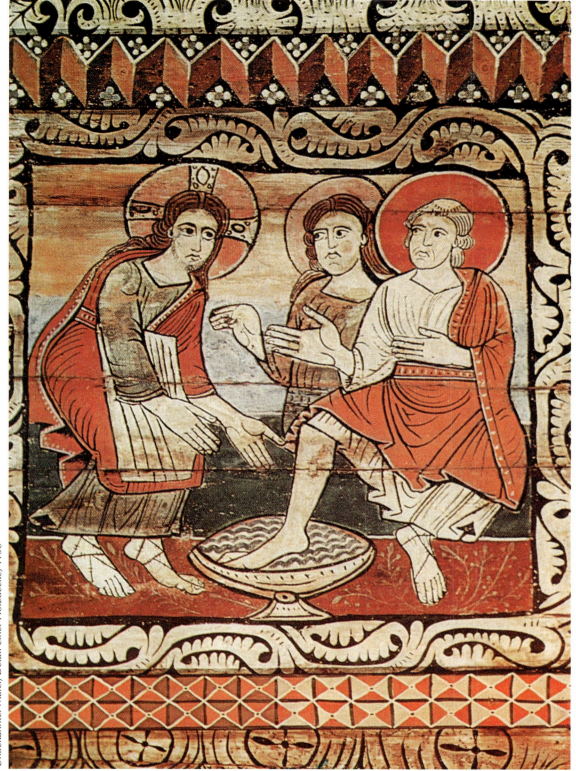

Unbekannter Maler, Detail einer Holzdecke, 1130

Gewissen: eine Gewissheit, die frei macht

*Herr, deine Güte reicht, so weit der Himmel ist,
deine Treue, so weit die Wolken ziehn.
Deine Gerechtigkeit steht wie die Berge Gottes,
deine Urteile sind tief wie das Meer.
Herr, du hilfst Menschen und Tieren.
Gott, wie köstlich ist deine Huld!
Die Menschen bergen sich im Schatten deiner Flügel,
sie laben sich am Reichtum deines Hauses;
du tränkst sie mit dem Strom deiner Wonnen.
Denn bei dir ist die Quelle des Lebens,
in deinem Licht schauen wir das Licht.*

aus Psalm 36

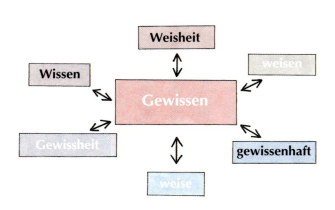

◇ Die Grafik verdeutlicht, welche Begriffe zum Wortfeld »Gewissen« gehören. Was »Gewissen« bedeutet, wird noch deutlicher, wenn ihr Begriffe findet, die das Gegenteil zu diesen Wörtern bilden.

◇ Schreibe eine kurze Geschichte mit dem Titel »Frank folgte seinem Gewissen*« oder: »Lisa folgte ihrem Gewissen*«. Du kannst dazu die Wörter aus der Grafik benutzen.

◇ Weitere Informationen zum Gewissen findest du auf der Infoseite 85.

Abwägen, was mir wertvoll ist

Was ist schlimmer?

Zwei junge Männer, die Brüder Karl und Robert, stecken ziemlich in der Klemme und wollen so schnell wie möglich die Stadt verlassen. Dazu brauchen sie Geld.
Karl, der ältere von beiden, bricht in ein Geschäft ein und stiehlt 10 000 Euro.
Robert, der Jüngere, geht zu einem alten Mann, der in der ganzen Stadt für seine Hilfsbereitschaft bekannt ist. Er erzählte ihm, dass er sehr krank sei und 10 000 Euro für eine Operation brauche. Dabei ist er gar nicht krank, und er hat auch nicht die Absicht, dem alten Mann das Geld zurückzuzahlen. Obwohl der alte Mann Robert nicht besonders gut kennt, gibt er ihm das Geld.
Robert und Karl machen sich aus dem Staub und verlassen die Stadt, jeder mit 10 000 Euro.

Was soll Judith tun?

Judith ist zwölf Jahre alt. Demnächst kommt ihre Lieblings-Band in die Stadt! Schon seit einiger Zeit hat sie durch Sparen und Babysitten so viel Geld zusammenbekommen, dass sie sich die Eintrittskarte für das Konzert kaufen kann, ja sie hat sogar noch etwas mehr gespart für andere Dinge.
Ihre Mutter hatte ihr versprochen, dass sie zu dem Pop-Konzert gehen darf, wenn sie das Geld für die Eintrittskarte selbst spart.
Zwischendurch ist Judiths Fahrrad kaputt gegangen. Nun hat die Mutter ihre Meinung geändert und sagt Judith, dass sie ihr Geld für die Reparatur ihres Fahrrades verwenden muss.
Judith ist sehr enttäuscht und...

Das Gewissen bilden

Freiheit und Gesetze

Es gehört zur Freiheit, dass wir zwischen verschiedenen Möglichkeiten auswählen können. Wir müssen entscheiden, welche Kleidung, welches Fahrrad, welche Freundin oder welchen Freund, welchen Beruf... wir wählen. Zur Freiheit gehört aber auch, dass wir uns zu bestimmten Themen Gedanken machen und uns eine eigene Meinung bilden. Es wäre schlimm, wenn wir nur tun und denken dürften, was andere uns vorgeben oder von uns erwarten. Je mehr Freiheit wir haben, umso mehr können wir über uns selbst und unser Leben bestimmen.

In der Schule, im Sportverein, in unserer Gemeinde oder der Stadt leben wir nun mit vielen Menschen zusammen, die alle möglichst frei leben möchten. Deshalb muss jede/r verantwortlich und rücksichtsvoll mit der eigenen Freiheit umgehen. Wenn du zum Beispiel in einem frei stehenden Einfamilienhaus lebst, kannst du so laut fernsehen, wie du willst. Wohnst du aber in einem Mietshaus, kannst du den Ton nicht voll aufdrehen, denn du würdest damit den Nachbarn die Freiheit nehmen, ungestört zu arbeiten, zu essen oder zu lesen.

Um allen Menschen gleiche Freiheitsräume zu garantieren, erlässt der Staat Gesetze*, ein Verein gibt sich eine Satzung, der Vermieter legt eine Hausordnung fest und eine Gruppe vereinbart Regeln. Sie sollen dafür sorgen, dass alle gut miteinander auskommen und nicht manche sich ungestraft mehr Freiheit nehmen als andere.

Was sind Werte?

Wenn dir etwas wertvoll ist, tust du meist viel dafür, es zu bekommen und zu behalten, wie z.B. Spielsachen, Schmuck, Kleidung usw. Werte sind keine Gegenstände, man kann sie nicht anfassen, und doch sind sie für einzelne Menschen und für das Zusammenleben der Menschen *wertvoll* und unentbehrlich: z.B. Gerechtigkeit, Liebe, Vertrauen, Treue, Wahrhaftigkeit, Leben, Freiheit, Mitmenschlichkeit, Hilfsbereitschaft, Partnerschaftlichkeit, Freundschaft, Gesundheit, Zuverlässigkeit. Werte stehen hinter allem, was wichtig ist. Die Werte sind der Grund für unser Verhalten und Handeln. Du kümmerst dich z.B. um deine Freundin, wenn sie krank ist, weil für dich der Wert der Freundschaft wichtig ist.

Werte abwägen

Es gibt Situationen, in denen mehrere Werte miteinander konkurrieren. Dann musst du abwägen und dich entscheiden, welchem Wert du den Vorzug geben willst.

Ein Freund vertraut dir zum Beispiel ein großes Problem an und du versprichst ihm, keinem Menschen davon zu erzählen. Dann erkennst du aber, dass deinem Freund nur geholfen werden kann, wenn du einem Erwachsenen seine schlimme Situation erklärst. Du wägst ab: Die Werte »Hilfsbereitschaft« und »Mitmenschlichkeit« gegenüber deinem Freund wiegen in diesem Fall schwerer als die Werte »Treue« und »Vertrauen«, nämlich die Treue zu deinem Versprechen und das Vertrauen deines Freundes in dich.

Es kann sein, dass du deinen Freund mit deiner Entscheidung enttäuschst. Doch für dich ist dein Handeln ein Zeichen wahrer Freundschaft, weil es dir um die Zukunft (»das Leben und die Gesundheit«) deines Freundes geht. Du hast mutig Verantwortung für ihn übernommen.

Eine Gewissensentscheidung treffen

Manchmal sind Entscheidungssituationen so, dass wir nicht sofort eindeutig erkennen können, wie wir richtig oder falsch handeln. Die Geschichte von Judith ◄83 ist ein Beispiel dafür, dass in einer Situation einiges zu bedenken und zu bewerten ist, um eine richtige Entscheidung zu treffen. Häufig bringt eine Entscheidung Vor- und Nachteile mit sich, gleich ob du die eine oder die andere Lösung wählst. Du musst also gut abwägen, welche Folgen ein bestimmtes Handeln für dich selbst und für die anderen davon betroffenen Menschen hat. Wenn du vor einer schwierigen Entscheidung stehst und nicht genau weißt, wie du handeln sollst, kannst du so vorgehen:

– Sprich am besten zuerst mit Menschen, zu denen du Vertrauen hast. Das können Freunde, Lehrer/innen oder die Eltern sein. Sie können dir mit ihrem Wissen und ihren Erfahrungen gute Hinweise und Informationen geben. Oft zeigen sich in einem vertrauensvollen Gespräch Lösungswege, die man allein nicht gesehen hätte.
– Je mehr du weißt, desto sicherer kannst du dich entscheiden. Manchmal helfen Fachleute – am Sorgentelefon, in der Beratungsstelle – oder du suchst Informationen im Jugendlexikon oder in anderen Büchern.
– Eine Gewissensentscheidung muss »reifen«! Alles soll zusammenwirken, dein Wissen, deine Gefühle und deine Empfindungen für Werte. Horche in Ruhe in dich hinein.
So triffst du aus der Mitte deiner Person in der Begegnung mit Gott mit Gewissheit eine verantwortete Entscheidung.

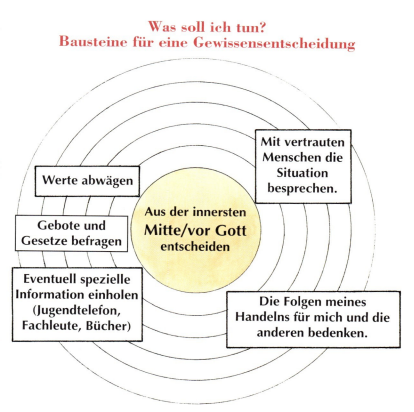

Welche Rollen will ich spielen – und wie?

Das Wort Rolle stammt aus der Welt des Theaters und des Films. Aber auch im Alltag spielst du verschiedene Rollen: In der Schule bist du Schüler/in, zu Hause bist du Tochter oder Sohn, Jüngster oder Älteste, Fußballfreund oder Klassenbeste usw. Kleidung und Sprache sind dabei wichtige Signale. Findest du Beispiele?
Mit jeder dieser Rollen sind bestimmte Erwartungen der anderen verbunden. Es kann sehr lästig sein, ja sogar die Freiheit behindern, wenn man immer tun muss, was andere erwarten. Es kann Spaß machen, verschiedene Rollen auszuprobieren und sie persönlich zu gestalten.

...damit ich frei bin

Wie Politiker/innen
Stellt euch vor: Ihr seid bei der Bundestagswahl von allen Sechstklässlern in der Bundesrepublik Deutschland zu PolitikerInnen gewählt worden. Eure erste Aufgabe ist es nun, ein Gesetz- oder Regelbuch mit zehn wichtigen Regeln für Kinder euren Alters zu schreiben. Setzt euch in Gruppen zu jeweils vier bis sechs SchülerInnen zusammen. Wenn ihr eure Regeln gefunden habt, schreibt jede einzelne möglichst groß auf ein DIN-A4-Blatt.
Stellt eure Regeln den anderen Gruppen vor und begründet eure Wahl.
Einigt euch nun gemeinsam, welche – aus all den gesammelten Regeln – die zehn wichtigsten für euch sein sollen. Ihr könnt sie schön gestalten und an der Wand eures Klassenzimmers befestigen.

Werte entdecken
Hinter den Zehn Weisungen zum Leben verbergen sich verschiedene Werte. Lasst euch die vollständigen Weisungen von eurer Lehrerin/eurem Lehrer geben. Setzt euch in Gruppen zusammen und versucht die Werte zu entdecken, die durch die Weisungen geschützt werden.

Dienen bedeutet mehr
Das Gedicht 80 könnte sicher noch mehr Zeilen haben. Betätigt euch als Dichter/Innen und sucht neue Zeilen, die das Wort dienen umschreiben!

Sich einsetzen
Informiert euch – über das Internet oder euren Lehrer/eure Lehrerin – über die »Rechte der Kinder« der United Nations. Welche Werte sind es wert, sich dafür einzusetzen?

Sein Gewissen war rein. Er benutzte es nie.
Stanislaw Jerzy Lec

Ich lobe meinen Gott
T: Hans-Jürgen Netz, M: Christoph Lehmann © tvd Verlag, Düsseldorf

1. Ich lobe meinen Gott, der aus der Tiefe mich holt, damit ich lebe.
   Ich lobe meinen Gott, der mir die Fesseln löst, damit ich frei bin.
   Ehre sei Gott auf der Erde, in allen Straßen und Häusern; die Menschen werden singen, bis das Lied zum Himmel steigt. Ehre sei Gott und den Menschen Frieden, Frieden auf Erden.

2. Ich lobe meinen Gott, der mir den neuen Weg weist, damit ich handle.
   Ich lobe meinen Gott, der mir mein Schweigen bricht, damit ich rede.
3. Ich lobe meinen Gott, der meine Tränen trocknet, dass ich lache.
   Ich lobe meinen Gott, der meine Angst vertreibt, damit ich atme.

In Symbolen Welt und Gott entdecken

6

Deine Gefühle ausdrücken

Die Kunst ist fantasievoll! Gemüse kann in einem Gedicht Gefühle ausdrücken!
Fühlst du dich auch manchmal so wie die Artischocke im Gedicht?
Du kannst dir auch ein anderes Stück Gemüse oder eine Frucht aussuchen
und aus dieser Sicht ein Gedicht schreiben.

Artischocke

Ich baue meine Schutzhülle auf
Schicht um Schicht.
Da wo ihre Finger meine Teile abreißen können,
setze ich scharfe Zacken.
Das, was ich am meisten verberge,
ist mein Herz.
So verletzlich ist es.
Trotzdem fressen sie mich auf.
Das muss gar nicht so leicht sein.
Das geb ich zu.
Jede Schicht blättern sie ab.
Ha! Ha!
Die äußere Hülle ist zu hart.
Trotzdem schaben ihre Zähne
meine zarte Mitte aus.
So viel Arbeit
für so wenig Essen
Autsch – mein **H**

        e

          r

            z!

so weich und sanft.
Die Zacken haben sie nicht abhalten können.
Nichts kann sie abhalten.
Vor nichts schrecken sie zurück.

Mit dem Körper sprechen

Manchmal sieht man einem Menschen schon an, wie es ihm geht, ohne dass er ein einziges Wort gesagt hat.
Such dir eine Person von ◀ 88 f. aus und überleg, was sie wohl gerade denken und fühlen könnte.
Fallen dir körperliche Haltungen auf, die bestimmte Gefühle der Person verraten?
Dasselbe könnt ihr mit Bildern und Zeichnungen aus Zeitschriften und mit eigenen Fotos versuchen.
Auf 100 findest du Information zum Thema Körpersprache.

Andere begrüßen

Menschen begrüßen sich auf vielerlei Weise. Dabei unterscheiden sich nicht nur unsere Grußworte, sondern auch unsere Bewegungen zu der oder dem anderen. Diese unterschiedlichen Begrüßungsformen drücken aus, wie unsere Beziehung zueinander und wie unsere Stimmung gerade ist.
Probiert verschiedene Begrüßungsmöglichkeiten aus! Wenn ihr sie euren Mitschüler/innen vorspielt, können diese herausfinden, wen ihr gerade begrüßt und wie ihr zu der betreffenden Person steht.

Woran dein Herz hängt

In der kleinen Pause.

Was ist denn los mit dir, Gabi? Du bist ja heute so nachdenklich.

Ach Petra! Ich muss an meinen Bruder denken. Ich glaube, der versteht mich nicht.

Er wollte zum Fußballspielen ein altes Sweatshirt von mir anziehen, das mir zu klein geworden ist.

Na dann gib's ihm doch! Wenn es dir eh nicht mehr passt.

Aber dieses Sweatshirt ist mir besonders wichtig. Meine Lieblingstante Monika hat es mir geschenkt, als sie nach Amerika gezogen ist. Tante Monika war für mich wie eine zweite Mutter. Wir haben viel zusammen erlebt. Das Sweatshirt von ihr ist für mich mehr als nur ein gewöhnliches Sweatshirt.

Auch in deinem Leben gibt es Gegenstände, die dir mehr als das äußerlich Sichtbare bedeuten. Sicher fällt dir dazu eine Geschichte ein.

Offen werden für Gott

Die Tür

Auf seinem Weg zur Geigenstunde kam Gero immer an einem alten Haus vorbei. Es war grün und weiß getüncht und es hatte ein mächtiges Dach. Einige flache Stufen führten zu der breiten Haustür hinauf. Gero hielt kurz vor dieser Treppe an. Früher war er sie oft hinaufgeeilt und hatte die schwere Türklinke über dem verzierten Schloss nur mit Mühe bewegt. Den runden Türklopfer, den ein Löwenkopf aus Messing im Maul hielt, hatte er lange nicht erreichen können. Ganz klein war er sich immer vor dieser Tür vorgekommen. Aber dann hatte Großvater die Tür geöffnet und ihn mit ins Haus genommen.
All das war schon lange her. Großvater wohnte zwar noch hier, aber Gero durfte ihn nicht mehr besuchen. Die Eltern und Großvater hatten Streit miteinander. Nun besuchten sie sich schon jahrelang nicht mehr.
Wenn Gero an dem Haus vorüberging, zögerte er jedesmal.
»Wenn ich käme, würde Opa sich wohl freuen«, dachte Gero, denn Großvater hatte ihn immer gern gehabt. Aber da war die Tür zwischen ihnen, die Tür mit der schweren Klinke, die dunkle Tür, die so abweisend war, als wollte sie zu ihm sagen: »Bleib draußen!«
Eines Tages rief der Lehrer Gero zu sich. Er zeigte ihm ein Buch und fragte: »Hat das eigentlich dein Großvater geschrieben?« Gero las den Namen und nickte.

»Es gefällt mir sehr. Richte das deinem Großvater aus. Auf so einen Großvater kannst du stolz sein. Grüß ihn von mir!«, sagte der Lehrer.
Als Gero wieder einmal an dem alten Haus vorbeikam, blieb er stehen. In Großvaters Arbeitszimmer brannte Licht.
»Dort oben sitzt er und schreibt«, dachte Gero, »und hier unten stehe ich und würde ihn so gerne vieles fragen. Wenn die Tür nicht wäre, würde ich einfach reingehen!«

Gero stieg langsam die Treppe hinauf. Er drückte die Klinke herab. Im Haus rührte sich nichts. Zaghaft griff Gero nach dem Türklopfer. Er schlug den Ring gegen die Tür – einmal, ein zweites Mal. Dann lauschte er gespannt. Das Fenster von Großvaters Arbeitszimmer wurde geöffnet. Großvater beugte sich heraus.
»Gero? Bist du es, Gero?«, rief er zögernd und sah angestrengt hinunter. »Es ist Gero!« Seine Stimme klang freudig erregt. »Warte, ich komme herunter!«
Das Fenster ging wieder zu. Gero hörte Schritte. Ein Schlüssel wurde umgedreht. Großvater öffnete die Tür. Helles Licht strömte heraus in die Abenddämmerung.
»Gero!«, rief der Großvater. »Wie groß du geworden bist! Ich habe so gehofft, dass du einmal zu mir kommen würdest!«
Er legte freundlich den Arm um Geros Schultern und führte ihn ins Haus.

Mechthild Theiss

Da! Ich habe dir vorgegeben eine geöffnete Tür, die keiner zu schließen vermag.

Offb 3,8

**Türen sind mehr
als nur Öffnungen
in einer Mauer.**
Rosemarie Boudier

Georgia O'Keeffe, 1946, 101,6 x 76,2 cm

Wasser macht lebendig

Menschen machen vielfältige Erfahrungen mit Wasser.

◇ Versuche dich daran zu erinnern, welche schönen und welche schlimmen Erlebnisse du mit Wasser verbindest.

◇ Male diese verschiedenen Vorstellungen. Dabei kannst du mit zackigen Linien oder Flächen die schlechten Erinnerungen an Wasser ausdrücken, mit runden und geschwungenen Linien die schönen Vorstellungen.

◇ Vielleicht willst du dazu auch etwas schreiben.

◇ In den folgenden Sätzen sprechen Menschen darüber, wie es ihnen geht. Welcher Satz gefällt dir besonders gut? Versuche dazu ein Bild zu malen. Du kannst auch deine Gefühle mit Bildern vom Wasser ausdrücken.

Ich dürste nach Gerechtigkeit.

Wie Wasser strömen meine Klagen hin.

Ich bin ausgeschüttet wie Wasser.
nach Ps 42,2-3

Mein Herz zerschmilzt und wird zu Wasser.

Ich gieße meine Wut wie Wasser über sie aus.

Meine Seele dürstet nach dir wie ein dürres Land.
Ps 41,3

Schon reicht mir das Wasser bis an die Kehle.
Ps 69,2

Regen

Regen ist schön. Er klopft an das Fenster und ich schaue genau hin. Wenn ich traurig bin, merke ich: Auch der Himmel weint. Wenn es mir gut geht, sehe ich, wie Regen der Erde frisches Wasser bringt. Hast du dich an einem warmen Sommertag schon einmal in den Regen gestellt und dein Gesicht zum Himmel gehalten? Warmes Wasser fließt über deinen Kopf.

Taufe

Taufe ist ein Fest. Fröhlich oder manchmal etwas steif kommt die Familie mit Freunden in die Kirche. Ja, wir wollen die Taufe für unser Kind. Es wird deutlich: Dieser Mensch gehört zur Gemeinschaft der Kirche. Es wird sichtbar: Gott nimmt dieses Kind an. Warmes Wasser fließt über den Kopf. Gott im Überfluss.
Das Neu-Werden in der Taufe wurde früher mit dem ganzen Körper ausgedrückt: Der erwachsene Täufling stand in einem großen Wasserbecken und wurde mit Wasser übergossen.

Wasser fließt über meinen Kopf.
Das ist wie...
Schneide Wassertropfen aus blauem Tonpapier aus und schreibe und male in diese Tropfen, wie der Satz: »Das ist wie...« weitergeht.
Lege diese Tropfen aus Papier in eine Schale.

Wir brauchen Brot zum Leben

Brot, Orangen, Schokolade

Tanguy schlief. Jemand fasste ihn an der Schulter. Er öffnete die Augen und sah Günther vor sich. Sein Freund machte ihm ein Zeichen, er solle schweigen. Dann setzte Günther sich auf sein Bett. Ohne ein Wort zu sagen, packte er ein Päckchen aus, das er in den Händen hielt und zeigte den Inhalt: Brot, zwei Orangen und eine Tafel Schokolade.
»Wir werden jetzt zwei gleiche Teile machen und sie sofort essen.« Tanguy weinte. Der Anblick der Früchte machte ihn fassungslos. Tanguy aß. Er war glücklich beim Essen. Er lächelte und blickte Günther bewegt an. Günther sagte, sie müssten alles aufgegessen haben, ehe jemand aufwachte, sonst würden die anderen Gefangenen sich beschweren und behaupten, man habe auf ihre Kosten Schwarzhandel getrieben. Als alles verzehrt war, strahlte Tanguy vor Freude. Er fand keine Worte und ließ sich in Günthers Arme sinken: »Ich hab dich lieb.«
Auch Günther war froh. Er wischte seine Hände ab und kletterte auf seinen Strohsack. Tanguy weinte ganz leise vor sich hin: Aber zum ersten Mal seit seiner Ankunft im Lager weinte er vor Glück.

nach Michel del Castillo

◇ Brot bedeutet mehr als nur Essen. Im Gedicht 97▶ findest du vieles, was Brot noch sein kann. Bei einem gemeinsamen Essen könnt ihr noch weitere Bedeutungen für Brot finden.

◇ In der Erzählung oben geht es auch um Brot. Sprecht darüber, was sich zwischen den Menschen ereignet hat.

◇ Schau dir die Menschen auf dem Bild 97▶ genau an! Such dir eine Person heraus und beschreibe sie ausführlich! Achte auch auf ihre Körperhaltung und die Farben.

◇ Was denkst du: Was suchen diese Menschen wohl an diesem Tisch? Was von dem, was sie suchen, ist zu sehen und was ist unsichtbar da? Wie hat der Maler versucht, das Unsichtbare auszudrücken?

◇ Könnt ihr gemeinsam ein Wort finden, das gut zusammenfasst, was all diese Menschen am Tisch suchen?

Brot heißt alles, was Menschen zum Leben brauchen.
Brot sind Vater und Mutter.
Brot sind Brüder und Schwestern.
Brot sind die Freunde.
Brot ist Nehmen und Geben,
die Arbeit des Tages und der Schlaf der Nacht.
Brot können auch wir füreinander sein.
Unser Wort – Brot für jedermann.
Unser Lachen – Brot für Eltern und Lehrer.
Unsere Tat – wer braucht sie brotnötig?
Sind wir wirklich Brot?

Hubertus Halbfas

Unterwegs sein

Christophorus – eine Weggeschichte

Es lebte einmal ein Riese. Sein Name war Ophorus. Er war bärenstark. Brauchte er einen Wanderstock, riss er einen Baumstamm aus. Er hatte sich in den Kopf gesetzt, nur dem mächtigsten Herrn dieser Erde zu dienen. »Du musst nach Osten gehen«, sagten die Leute. »Dort, wo die Sonne aufgeht, wirst du ihn finden.«

Im Osten war das Reich des Ataxerxes. Er war der mächtigste Herr der Erde. Die Menschen in seinem Lande waren so viele, dass man sie nicht zählen konnte. Er befehligte 50000 Bogenschützen, 100000 Lanzenstecher, 150000 Schwertkämpfer und 200000 Reiter. Nach vielen Tagen und Wochen kam Ophorus in das Reich des Ataxerxes. Der König nahm ihn mit Freuden auf. Er machte ihn gleich zum Anführer seines Heeres. Sahen die Feinde den Riesen, ergriffen sie vor Schrecken die Flucht. Viele Jahre wagten sie nicht mehr, in das Reich des Königs einzufallen.

***

Nach langer Zeit des Friedens bedrohte wieder ein feindliches Heer den König. Zugleich zog am Himmel ein gewaltiges Gewitter auf. Blitze zuckten hernieder. Dunkle Wolken verdeckten die Sonne. Der König sah zum Himmel und rief voll Angst: »Ein böses Zeichen! Wir sind verloren. Die Feinde werden siegen!« Der Riese spürte: »Der König ist doch nicht der mächtigste Herr der Erde.« So nahm er Abschied.

Ophorus suchte weiter. »Der böse Geist«, sagten einige, »ist der mächtigste Herr der Erde. Diene ihm! Keiner hat mehr Macht als er.« »Wo finde ich ihn?«, fragte der Riese. »Überall, wo Böses geschieht«, sagten sie. »Du dienst ihm, wenn du Böses tust, wenn du die Menschen zum Bösen anstiftest, zu Lüge, Neid, Hass, Streit und Krieg.« Ophorus diente nun dem Bösen. Es gefiel ihm zwar ganz und gar nicht, aber er wollte ja dem mächtigsten Herrn der Welt dienen. So tat er Böses. Der böse Geist stachelte ihn zu immer schlimmeren Taten an.

***

Eines Tages kamen sie an einem Wegkreuz vorbei. Da fing der Böse an zu zittern. Er wagte nicht, dem Gekreuzigten in das Gesicht zu blicken. Ophorus spürte: »Der Böse hat Angst vor dem Mann am Kreuz. Der Mann am Kreuz ist stärker als der Böse. Er hat Macht über ihn.« Da wurde es dem Riesen leicht ums Herz. Er konnte sich vom Bösen abwenden.

***

Ophorus wollte nun den Gekreuzigten suchen und ihm dienen. »Wer ist der Mann am Kreuz?«, fragte er die Menschen. »Wo kann ich ihn finden?« »Er ist der Gute«, antworteten sie. »Du dienst ihm, wenn du Gutes tust. Stifte Frieden! Schlichte Streit! Hilf den Schwachen und Armen!« Ein alter Mann sagte: »Hier fließt ein reißender Fluss. Kein Schiff kann ihn überqueren, keine Brücke ihn überspannen. Du aber bist groß und stark. Du kannst die Menschen hinübertragen. So dienst du dem guten Herrn dieser Erde. Gehe und warte. Er wird dir am Fluss begegnen.« Da setzte sich der Riese ans Ufer und wartete. Er wartete – und trug die Menschen über den Fluss. So diente er allen, die ihn brauchten, sieben volle Jahre lang.

***

Eines Nachts hörte der Riese eine Stimme: »Ophorus, komm und setz mich über!« Er schaute über den Fluss und wunderte sich sehr. Ein kleines Kind stand am anderen Ufer. »Nur ein Kind«, dachte Ophorus und hob es auf seine Schultern. Dann stieg er in den Fluss. Je weiter er aber schritt, desto schwerer wurde ihm die Last. Dem Riesen war es, als trüge er Himmel und Erde zugleich auf seinen Schultern. Das Wasser stieg immer höher. Ophorus hatte große Angst, er müsse ertrinken. Da plötzlich gingen ihm die Augen auf. Er erkannte im Kind den Größten und Mächtigsten, den Herrn über Himmel und Erde. Am anderen Ufer setzte Ophorus das Kind behutsam nieder. Es schaute ihn freundlich an und sagte: »Wenn du den Armen dienst, dann dienst du mir. Wenn du die Kleinen und Schwachen trägst, dann trägst du mich. Ich gebe dir einen neuen Namen. Du sollt nicht mehr Ophorus heißen, sondern CHRISTOPHORUS. Das heißt: Der, der Christus trägt.«

Erzählt von Franz Kett

Paul Klee, 1929, 83,7 x 67,5 cm

Verschiedene Sprachen sprechen

Was sind Symbole?

Symbole sind Zeichen, die etwas bedeuten und an etwas erinnern. So erinnert zum Beispiel das Kreuz an Tod und Auferstehung Christi. Ein Ehering bedeutet, dass zwei Menschen miteinander verheiratet sind, eine Taube gilt als Friedenssymbol. Die Rose, die ein junges Mädchen von ihrem Freund geschenkt bekommt, ist für das Mädchen mehr als nur ein Blumengeschenk. Die Rose symbolisiert die Liebe und Freundschaft der beiden zueinander. Sie ist Symbol für eine Wirklichkeit, die man nicht sehen kann wie Dinge, die aber dennoch existiert. Wer das Zeichen kennt, weiß auch ohne Worte, was damit gemeint ist. Aber auch Worte oder Gesten können Symbole sein, etwa die Bildworte in der Bibel. Wenn von Gott gesagt wird: »Er *weidet mich auf grüner Aue*«, dann bedeutet das: »Gott kümmert sich um mich«. Wenn Menschen einander in die Arme schließen, so bedeutet das: »Ich mag dich sehr gern.« Andererseits gibt es Zeichen, die uns beleidigen, auch wenn kein böses Wort dabei gesagt wird, z.B. wenn jemand mit dem Finger an die Stirn tippt.
Das Wort Symbol kommt aus dem Griechischen und bedeutet »zusammenwerfen«, »zusammenfügen«. Wenn sich zwei Menschen für längere Zeit getrennt haben, zerbrachen sie ein Tontäfelchen, von dem jeder

eine Hälfte bei sich behielt. Die beiden Teile galten als Erkennungszeichen, wenn sie bei einer späteren Begegnung wieder zusammenpassten oder wenn ein Bote ihnen den anderen Teil überbrachte.

> Man sieht nur mit dem Herzen gut.
> Das Wesentliche ist für die Augen unsichtbar.
> *Antoine de Saint-Exupéry*

Körpersprache

Menschen sprechen nicht nur mit dem Mund, sondern mit dem ganzen Körper. In unserem Gesichtsausdruck (Mimik), in Handbewegungen (Gestik) und Körperhaltungen drücken sich unsere Gedanken und Gefühle aus. Dabei zeigt unser Körper ganz direkt, was in uns vorgeht, auch ohne dass wir es so richtig merken. Wir können andere Menschen mit Worten belügen, doch unser Körper kann sich weniger leicht verstellen.
Wenn du einen anderen Menschen gut kennen lernen möchtest, musst du auf seine gesprochene Sprache achten, ebenso sehr aber auf seine Körpersprache.

Symbol: Kreuz

Das Kreuz ist das wichtigste Symbol des Christentums. Es erinnert an den Tod von Jesus. Das ist aber nicht das Letzte, was mit Jesus geschah. Gott hat ihn aus dem Tod errettet. Deshalb ist das Kreuz sowohl Zeichen des Todes als auch des Sieges über den Tod.
Kreuze werden auf vielerlei Weise gestaltet: in Stein gehauen, aus Holz geschnitzt, auf Bildern gemalt. Die Christen bezeichnen sich auch selber mit diesem Zeichen, um sich zum dreieinigen Gott (Dreieinigkeit*) zu bekennen. Der Priester spendet den Segen ▶102 in Form eines Kreuzes.

Symbol: Fisch

Das älteste christliche Symbol ist der Fisch. Es wurde auch als Geheimzeichen benutzt. Als nämlich die Christen in den ersten Jahrhunderten im Römischen Reich immer wieder einmal verfolgt wurden ◀32 f., war es für sie gefährlich, sich öffentlich zu ihrem Glauben zu bekennen. Ihre Treffen und Gottesdienste mussten sie in Verstecken abhalten. In dieser Zeit wurde der Fisch zum Erkennungszeichen der Christen. Wenn sie zum Beispiel

einen Fisch auf dem Weg zu einem Versteck sahen, wussten sie, dass sie in der Nähe von Freunden waren. Wenn zwei sich trafen, zeichneten sie schnell einen Fisch in den Sand oder in die Luft und wussten dadurch, dass sie einen Gleichgesinnten getroffen hatten und ihnen keine Gefahr drohte. <u>F</u>isch heißt auf Griechisch <u>ichthys</u>. Die Buchstaben sind ein kurzes Glaubensbekenntnis: <u>J</u>esoús <u>Ch</u>ristós <u>Th</u>eoú <u>H</u>yiós <u>S</u>otér bedeutet: Jesus Christus, Gottes Sohn, Erlöser.

Symbol: Kirchentür

»Türen sind mehr als nur Öffnungen in einer Mauer«. Türen sind Durchgänge. Sie ermöglichen uns den Schritt in einen anderen Raum. Wenn wir die Schwelle einer Türe übertreten, kommen wir von einem Bereich in einen anderen: von der Straße in die Wohnung oder umgekehrt.

Meistens verhalten wir uns anders, wenn wir durch die Tür in eine fremde Wohnung eintreten. An der Tür werden wir willkommen geheißen, wenn wir einen Besuch machen; an der Tür werden wir auch verabschiedet. Auch wenn wir durch Kirchentüren schreiten, betreten wir einen anderen Raum, den Raum Gottes. Deshalb werden Kirchentüren besonders kunstvoll gestaltet, so als wären sie Tore zu einem neuen Leben.

Oft sind dort an den Türwänden (*Gewände*) und über dem Türsturz (*Tympanon*) Szenen aus der Bibel und Vorstellungen vom künftigen Leben bei Gott angebracht. Nach dem Johannesevangelium hat Jesus sich selber als Tür bezeichnet, durch die wir gehen sollen, um ans Ziel unseres Lebens zu gelangen:

Ich bin die Tür; wer durch mich hineingeht, wird gerettet werden.

Joh 10,9

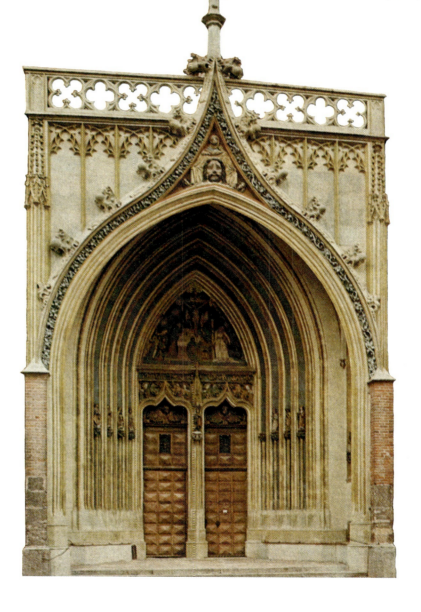

Wo das Leben sich verdichtet

Segen

Wenn Menschen andere Menschen segnen, tun sie dies mit Gesten und Worten. Sie legen dem, den sie segnen wollen, die Hand auf oder bezeichnen ihn mit dem Kreuzzeichen. Damit erbitten und vermitteln sie für ihn die Zuwendung Gottes.

Was ist ein Sakrament?

Sakramente sind symbolische Handlungen, die auf eine andere Wirklichkeit hinweisen und diese zugleich bewirken. Sakramente verbinden die Glaubenden mit Gott und zeigen, dass sie erlöst und zu neuem Leben befreit sind. Sie sind wirksame Zeichen der Nähe Gottes, der Leben gibt und zum Leben ermutigt. Die katholische Kirche kennt sieben Sakramente: Taufe, Firmung, Eucharistie, Buße, Krankensalbung, Weihe und Ehe. Sie werden in entscheidenden Lebenssituationen gespendet. Die Erfahrung der Nähe Gottes in Jesus Christus und das Hineingenommensein in die Gemeinschaft aller Gläubigen erfahren die Christen in den Sakramenten.

Das Sakrament der Taufe

In der Bibel wird erzählt, wie Jesus in einem Fluss (Jordan) von Johannes getauft wurde. Im Fluss strömt und fließt das

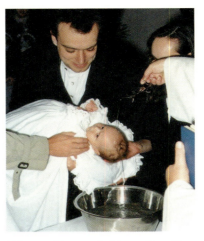

Wasser. Zwar wird heute in der Taufe nur noch wenig Wasser verwendet, aber es fließt auch über den Kopf des Täuflings. Wasser reinigt, fließen ist eine Bewegung. Wie das Wasser beim Waschen den Schmutz von der Haut löst, so kann der Getaufte das Alte zurücklassen und neu gereinigt sein Leben fortsetzen. Die fließende Bewegung macht deutlich: Die Taufe ist ein Anfang. Es beginnt ein Leben, das sich immer bewusster auf Gott – den Vater, den Sohn und den Heiligen Geist – einlassen kann.
Die Gemeinschaft der Kirche, in die jeder Täufling sichtbar aufgenommen wird, ermöglicht dies.
Die Taufe wird in der Firmung bestätigt, indem die Firmlinge sagen: Ich will weiterleben, was in der Taufe meine Eltern und Taufpaten für mich und mein Leben gewünscht haben.
Immer mehr Menschen, die als Kinder nicht getauft wurden, entscheiden sich als Erwachsene, Christen zu werden. Nach einer Vorbereitungszeit werden sie in die Gemeinde aufgenommen und erhalten die so genannte Erwachsenentaufe.

Das Sakrament der Firmung

Du bist getauft. Das haben deine Eltern für dich entschieden. Sie wollten dir die Verbundenheit mit Jesus Christus mit auf deinen Lebensweg geben. Das Sakrament der Taufe bewirkt bei dir die Kraft, dein Leben nach dem Vorbild Jesu auszurichten. Jetzt bist du auf deinem Weg schon ein Stück gegangen. Vieles kannst und musst du schon selber entscheiden. Das bedeutet auch, dass dir bereits Verantwortung übertragen wird: zu Hause, in der Schule und in deinem Glauben. Durch das Sakrament der Firmung zeigst du nun vor der Öffentlichkeit, dass du wirklich mit Jesus Christus verbunden bist. Du entscheidest selbst noch einmal, dass du dein Leben nach dem Vorbild Jesu ausrichten möchtest. Die Symbolhandlung der Firmung bewirkt, dass der Geist Gottes dich stärkt und dich auf deinem weiteren Lebensweg begleiten und dir beistehen wird. Wenn du dich jetzt noch nicht für das Sakrament der Firmung entscheiden willst, kannst du das auch in deinem späteren Leben noch nachholen. Je nach Alter des Firmlings wird ihm eine Firmpatin oder ein Firmpate zur Seite gestellt. Er oder sie sollen den Firmling begleiten. Manchmal bleiben sich Firmpaten und Gefirmte ein Leben lang verbunden.

Das Sakrament der Eucharistie

Als Jesus zum letzten Mal vor seinem Tod mit seinen Freundinnen und Freunden aß, nahm er das Brot, sprach das Dankgebet, brach das Brot und reichte es ihnen mit den Worten:
Das ist mein Leib, der für euch hingegeben wird. Tut dies zu meinem Gedächtnis (Lk 22,19).
Jesus war während seines Lebens ein »Mensch für die anderen«. Er kümmerte sich um die, die am Rande standen. Er ging auf sie zu, holte sie aus ihrer Isolation heraus und heilte die Kranken. Einige änderten ihr Leben vollkommen und gingen mit ihm. Auch nach seinem Tod und seiner Auferstehung begegnete er den enttäuschten und verbitterten Emmausjüngern. Sie erkannten ihn, als er mit ihnen das Brot brach (Lk 24,13-35).
Von Anfang an suchten die Glaubenden die Begegnung mit Jesus Christus im gemeinsamen Mahl. Die ersten Christen sagten dazu »Herrenmahl« oder »Eucharistie«. Dort holten sie sich Kraft zu einem Leben im Sinne Jesu.

Symbole zur Weihnachtszeit

Schon in vorchristlicher Zeit waren die Tage um den 21. Dezember den Menschen wichtig; denn dann werden die Tage wieder länger, die Menschen hoffen auf das Ende des Winters und der Dunkelheit.
Die Christen begannen um 300 n.Chr., Weihnachten als die Geburt Jesu besonders zu feiern, auch wenn das genaue Geburtsdatum von Jesus nicht bekannt ist. Erst 813 wurde das Weihnachtsfest zu einem allgemeinen kirchlichen Feiertag.
Der erste Adventskranz wurde im Jahr 1839 von dem evangelischen Pfarrer J.H. Wichern aufgehängt. Er wollte den Jungen in dem von ihm gegründeten Erziehungsheim eine Freude machen. Später wurde der Kranz mit Tannengrün als Symbol immerwährenden Lebens geschmückt. Daraus hat sich der Christbaum entwickelt. Auch seine grünen Zweige symbolisieren das Leben, die aufgesteckten Kerzen das Licht, das mit Jesus in die Welt gekommen ist.

Symbole der Osterzeit

Ostara war die germanische Erd- und Frühjahrsgöttin. Das Fest der Auferstehung Christi »Ostern« bezeichnet man heute noch nach dieser Göttin.
Ihr heiliges Tier war der Hase, Sinnbild der Fruchtbarkeit. Auch schenkten die Germanen einander zur Zeit des Frühlingsfestes bemalte Eier, auch sie sind Symbole der Fruchtbarkeit und des neuen Lebens. So kam es zum Eier legenden Hasen, der uns auch heute noch beim Osterfest begegnet.
Aber nicht überall gab es den Osterhasen. Vor noch nicht 100 Jahren brachte in Hannover der Fuchs die Eier, in anderen Gegenden war es der Kuckuck. Die Eier waren ursprünglich nur in roter Farbe angemalt, da bei den Germanen die Farbe Weiß Trauer und Tod bedeutete; Rot dagegen stand für Leben, Geburt, Freude, Feier, Sieg und Königswürde.
Die Osterkerze dagegen ist ein typisch christliches Symbol. Sie ist ein Bild für den auferstandenen Christus, der den Tod überwunden hat und in die Dunkelheit Licht bringt. Auf der Kerze sind noch weitere Symbole zu sehen: Die Buchstaben Alpha und Omega sind die Anfangs- und Endbuchstaben des griechischen Alphabets. Sie sind ein Zeichen für Jesus, weil er den Anfang machte mit unserem Glauben und ihn vollendet.

Symbole sprechen an

Kennst du noch andere Lieder, die sich mit Symbolen ausdrücken?

Nimm den goldenen Ring von mir, bist du einsam, dann sagt er dir: Marmor, Stein und Eisen bricht, aber unsere Liebe nicht. Alles, alles geht vorbei, doch wir sind uns treu.
Drafi Deutscher

In diesem Kapitel findest du viele Texte und Bilder, die in Symbolen zu dir sprechen. Welches könnte dein Lieblingsbild oder Lieblingstext werden?

Im Laufe des Jahres begegnest du vielen christlichen Symbolen. In diesem Kapitel und im ganzen Buch findest du einige. Suche dir eines aus, informiere dich über seine Herkunft und seine Bedeutung für die Christen.

Erkläre einer Freundin oder einem Freund, warum du dich firmen lässt!

Kennst du Menschen, Dinge oder auch Lieder, die heute zum Symbol geworden sind? Sammle Bilder und Text dazu!

Wir sind umgeben von Werbung. Oft benutzt sie Symbole. Was versprechen sie uns? Meinst du, sie können halten, was sie versprechen? Manchmal verwendet Werbung auch religiöse Symbolik. Warum wohl? Sicher findest du Beispiele in Zeitungen und Zeitschriften.

Die Bibel spricht sehr oft in Symbolen. Hier findest du eine Auswahl:
Mt 3,13-17;
Joh 4,1-14;
Lk 9,10-17;
Mk 2,13-17;
Ps 1,1-3.
Welches Symbol spricht dich am meisten an?

Auf dieser Seite siehst du sieben Puzzleteile. Auf jedem Puzzleteil steht eine Aufgabe. Teilt euch in sieben Gruppen ein und lasst euch von eurer Lehrerin oder eurem Lehrer je ein vergrößertes, unbeschriebenes Puzzleteil geben. Jede Gruppe sucht nun die zu ihrem Puzzleteil gehörende Aufgabe und bearbeitet sie auf dem unbeschriebenen großen Puzzleteil. Wenn ihr fertig seid, könnt ihr die Teile zusammensetzen. Erkennt ihr das Symbol wieder?

Gemeinsam Werte ins Bild rücken
Projektideen

»Nachrichten aus der Schule« senden

> Gestern wurde wieder von einigen Schülern auf dem Pausenhof mit Schneebällen geworfen. Alle wissen, dass es verboten ist. Es müssen geeignete Gegenmaßnahmen gefunden werden.

Notiert im Laufe einer Woche verschiedene Ereignisse aus der Schule, bei denen Werte verletzt wurden. Welche sind es? Wer war beteiligt? Gestaltet diese Ereignisse und ihre Folgen für das Zusammenleben in der Schule für eine Nachrichtensendung in Wort und Bild.

Nachrichten sind nicht neutral! Je nachdem, mit welcher Absicht und aus wessen Sicht ihr ein Ereignis darstellt, werdet ihr verschiedene Reaktionen bei euren Zuschauer/innen hervorrufen. Probiert es aus! Das Schaubild ◀57, »Medien werden gemacht«, und die Hinweise auf Infoseite ◀57 helfen euch, die verschiedenen Darstellungen desselben Ereignisses zu planen.

Einen Videoclip drehen

Auf ◀60 f. findet ihr einen Textausschnitt aus dem Song »Das will ich sehen« von Sabrina Setlur. Sie beschreibt mit Bildern aus der Bibel, wie die Welt sein soll und wie sie die Welt sehen will. Doch die Wirklichkeit ist häufig anders.
Es wäre eine gute Ergänzung zu diesem Lied, wenn ihr durch Poster, große gemalte Bilder oder gespielte Szenen Ereignisse darstellt, die das Gegenteil des Liedtextes zeigen. Mit einer Videokamera könnt ihr mit diesen Bildern oder Szenen und dem Lied einen Videoclip herstellen.
Vielleicht gibt es ja eine Mutige unter euch, die die Sabrina darstellt.

Ein Theaterstück gestalten

Joram ist in einer schwierigen Lage! Seinem Freund Jesus wird vorgeworfen, er hätte nicht nur einmal die religiösen Gesetze seines Landes gebrochen. Er lässt sich in aller Öffentlichkeit mit Menschen ein, die als Sünder gelten. So zum Beispiel mit dem Oberzöllner Itzak, der dafür bekannt ist, dass er sich an der armen Bevölkerung bereichert. Die religiösen Führer, zu denen auch Joram gehört, wollen gegen Jesus vorgehen. Für Jesus sind die Menschen wichtig. Joram findet das auch richtig und spürt innerlich, dass Jesus Recht hat. Doch darf er deshalb einfach die Gesetze brechen? Wenn Joram Jesus im Kreis der religiösen Führer weiterhin verteidigt, setzt er sein eigenes Ansehen und seine Stellung aufs Spiel.
Wie soll er sich am nächsten Tag bei der Versammlung der religiösen Führer verhalten?
Gestaltet dazu ein Theaterstück. Es soll vier Szenen haben, in denen die verschiedenen Meinungen und Argumente deutlich werden, mit denen sich Joram auseinandersetzen muss. In der letzten Szene wird dann Joram seine Entscheidung vor den religiösen Führern begründen.
Das Ganze könnt ihr mit einer Videokamera aufnehmen.

Die verschiedenen Szenen

1. Joram beim Abendessen mit seiner Familie (Frau, Kinder, seine Eltern). Alle haben etwas zu sagen und möchten ihn in seiner Entscheidung beeinflussen.
2. Drei Freunde aus dem Kreis der religiösen Führer kommen zu Besuch. Sie wollen Joram warnen und ihm Tipps geben, wie er sich am geschicktesten aus seiner Situation befreien kann.
3. Eine Gruppe religiöser Führer trifft sich am Abend um zu beraten, welche Argumente sie am nächsten Tag gegen Jesus vorbringen werden.
4. Die Versammlung der religiösen Führer. Die Einzelnen bringen ihre Argumente gegen Jesus vor. Dann wird Joram aufgefordert, Stellung zu beziehen.

In einem Sketch neue Wege entdecken

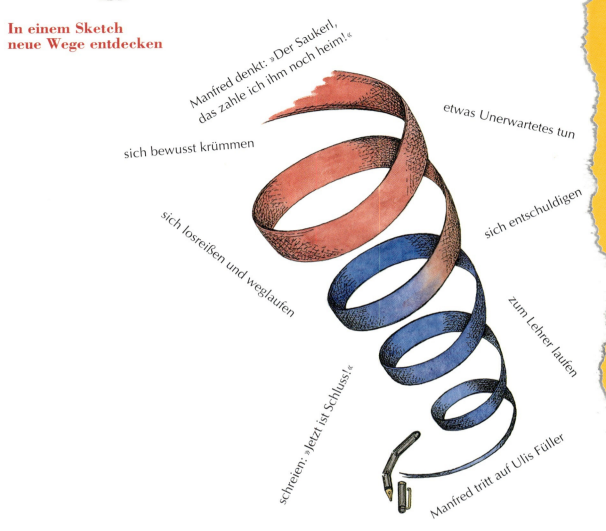

Manfred denkt: »Der Saukerl, das zahle ich ihm noch heim!«
sich bewusst krümmen
etwas Unerwartetes tun
sich losreißen und weglaufen
sich entschuldigen
zum Lehrer laufen
schreien: »Jetzt ist Schluss!«
Manfred tritt auf Ulis Füller

Uli sitzt auf seinem Platz in der Klasse und macht noch schnell, bevor die Schule anfängt, seine Mathehausaufgaben. Er ist so konzentriert, dass er gar nicht bemerkt, wie ihm sein neuer Füller vom Pult herunterrollt.
Manfred, der am Platz von Uli vorbeigeht, tritt auf den Füller. Ein Knacksen ist zu hören. Uli sieht von seinen Aufgaben auf, starrt auf den Boden und sieht dort seinen neuen Füller zertreten liegen, überall ist blaue Tinte.
Uli ist wie erstarrt, er kann es gar nicht glauben, sein schöner, neuer Füller!
Dann springt er auf, reißt Manfred seinen Rucksack aus der Hand und schleudert ihn weg.
Manfred packt Ulis Matheheft und zerreißt es. Uli stürzt auf Manfred zu und tritt ihn vors Schienbein. Manfred schreit auf, holt dann mit der Faust aus und boxt Uli in den Bauch. Dann setzt Manfred sich auf seinen Platz. Uli hält sich den Bauch, es tut höllisch weh. Doch dann stürzt Uli sich von hinten auf Manfred und zieht ihm den Stuhl weg. Manfred fällt so unglücklich, dass er sich den Arm bricht und denkt: »Der Saukerl, das zahl ich ihm noch heim!«

Mit einer Talkshow zu Entscheidungen kommen

Benjamin ist Fischer von Beruf. Seitdem die römische Besatzung im Land ist, sind die Steuern auf Fisch so hoch, dass er kaum noch seine Familie ernähren kann. Da schließen sich Menschen zu Gruppen zusammen, um sich gegen diese Ungerechtigkeiten zu wehren. Benjamin schließt sich den Zeloten (Eiferern, Fanatikern) an. Sie wollen Gerechtigkeit und Geschwisterlichkeit und die Befreiung von den Römern. Ihr Mittel ist oft die Gewalt. Besonders radikale Zeloten überfallen manchmal römische Soldaten und töten sie. Benjamin hat zwar noch niemanden getötet, aber auch er trägt ein Schwert unter seinem Gewand.
Andreas, der Bruder von Benjamin, ist von der Gruppe um Jesus stark beeindruckt: Auch Jesus klagt die Mächtigen an; das Leben vieler Menschen hat sich radikal verändert: Kranke werden geheilt, Bedürftige unterstützt. Die Neue Welt, die dieser Jesus verkündet, ist anders: Die Reichen teilen mit den Armen, die Starken helfen den Schwachen und die Fröhlichen trösten die Traurigen. Die Macht Jesu ist nicht die Gewalt, sondern die Liebe.

◇ Bildet zwei Gruppen. Die einen sind die Zeloten, die anderen die Anhänger/innen der Jesus-Bewegung. Sucht euch nun einen Schiedsrichter und trefft euch zum Streitgespräch wie damals auf dem Marktplatz.
◇ Wenn ihr eure Diskussion auf Video festhaltet, könnt ihr anschließend die Zuschauer/innen auffordern, ihre Meinung bzw. ihre Entscheidungen kundzutun. Stehen sie eher auf der Seite der Zeloten oder eher auf der Seite von Jesus?

Ein Interview führen

In deiner Gemeinde müssen viele Entscheidungen getroffen werden. Wie viel Geld bekommen die Schulen? Welches Gebäude wird als Nächstes errichtet? Eine neue Hauptschule oder ein Gymnasium? Reicht es, den Sportplatz zu renovieren oder muss er erweitert werden? Ist es notwendig, ein neues Jugendzentrum zu eröffnen? Weißt du, wer diese Entscheidungen trifft und wo sie getroffen werden? Am besten, ihr bittet den Bürgermeister eures Ortes oder seine/n Pressesprecher/in um ein Interview. Ihr möchtet Auskunft bekommen, wer in eurer Gemeinde solche Entscheidungen trifft und wie das vor sich geht. Mit einigen Interessierten aus deiner Gruppe kannst du Fragen vorbereiten. Wenn ihr das Gespräch mit dem Bürgermeister auf Video aufnehmen wollt, müsst ihr ihn natürlich vorher um seine Erlaubnis bitten. Wenn dieses Gespräch gelingt, könnt ihr mit einem solchen Beitrag etwas Außergewöhnliches zu eurem Projekt beitragen!

Lexikon

Abba
Zur Zeit Jesu nannten Kleinkinder ihren Vater *abba* (Lallform von Vater). Das ist ein Wort der aramäischen Sprache und bedeutet soviel wie Papa oder Vati. Jesus redet Gott beim Beten mit *abba* an. Damit drückt er seine liebevolle und nahe Beziehung zu Gott aus (Mk 14,36).

Bibel
Das Wort Bibel kommt vom griechischen Wort *biblos*. Das übersetzen wir mit *Buch*. In der Bibel sind viele Bücher gesammelt. Für Christinnen und Christen bedeutet das »Buch der Bücher« sehr viel. Deshalb heißt es Bibel. Die Bibel besteht aus zwei Teilen: dem Alten Testament (AT) und dem Neuen Testament (NT).

Das Alte Testament erzählt zum Beispiel die Geschichten Gottes mit dem Volk Israel. Sie stehen in den Büchern, die wir Genesis (Gen) und Exodus (Ex) nennen. Wichtige Schriften sind auch die Bücher der Propheten Jeremia und Jesaja. Das Buch der Psalmen enthält viele Gebete.

Das Neue Testament erzählt von dem, was Jesus getan und gesagt hat. Seine Taten und Worte sind in den Schriften der Evangelisten Matthäus, Markus, Lukas und Johannes gesammelt. Die Apostelgeschichte und die Briefe der Apostel geben Zeugnis vom Glauben und Leben der ersten Christen und Christinnen. Eine vollständige Übersicht über die Bücher der Bibel enthält die Schulbibel.

Bischof
Der Bischof steht einem Teil der Kirche (→ Diözese) vor. Das ursprüngliche Wort für Bischof bedeutet »Aufseher«. Ihm sind die Gläubigen seiner Diözese anvertraut. Er betreut sie zusammen mit den Pfarrern und anderen Mitarbeitern und Mitarbeiterinnen. Der Bischof muss dafür sorgen, dass der Glaube verkündet wird und die Sakramente gespendet werden. Darum sagt man, der Bischof ist der oberste Hirte, Lehrer und Priester seiner Diözese.

Er trifft sich regelmäßig mit seinen Kollegen zur Beratung. Alle deutschen Bischöfe zusammen bilden die Deutsche Bischofskonferenz.

Die Bischöfe gelten in der katholischen Kirche als die Nachfolger der Apostel, die die Botschaft von Jesus weitergeben sollen.

Ein Weihbischof spendet das Sakrament der Firmung (→Bischof).

Bund
Unter einem Bund versteht man, wenn Menschen in eine besondere Beziehung zueinander treten (beide Seiten müssen damit einverstanden sein). Beispiele sind der Freundschafts- oder Ehebund. Auch Gott hat einen Bund mit den Menschen geschlossen: Sie dürfen ihm vertrauen und seinen Weisungen zum Leben folgen. Er hat ihnen versprochen, für sie da zu sein (Bundesschluss am Sinai, vgl. Ex 24,1-11).

Gott segnet die Verbindungen zwischen Menschen, so zum Beispiel den Ehebund.

Diözese
Ein anderer Name für Diözese ist Bistum. Das ist ein größeres Gebiet, in dem viele Kirchengemeinden zusammen verwaltet werden. Sie wird von einem → Bischof geleitet. Als sich der christliche Glaube ausbreitete, wurden immer mehr Diözesen gegründet. In Deutschland hat deshalb der hl. Bonifatius im 8. Jahrhundert Grenzen für die Diözesen festgelegt, die zum Teil bis heute gelten. In einer Diözese werden in der Regel ein Heiliger oder eine Heilige als Bistumspatron/in verehrt. In der Bischofskirche befindet sich meist das Grab des → Schutzpatrons oder eine andere Stätte zur Erinnerung und Gebet. Die Diözesen sind nach ihrer Bischofsstadt benannt. Folgende gibt es in Deutschland:

Aachen, Augsburg, Bamberg, Berlin, Dresden-Meißen, Eichstätt, Erfurt, Essen, Freiburg, Fulda, Görlitz, Hamburg, Hildesheim, Köln, Limburg, Magde-

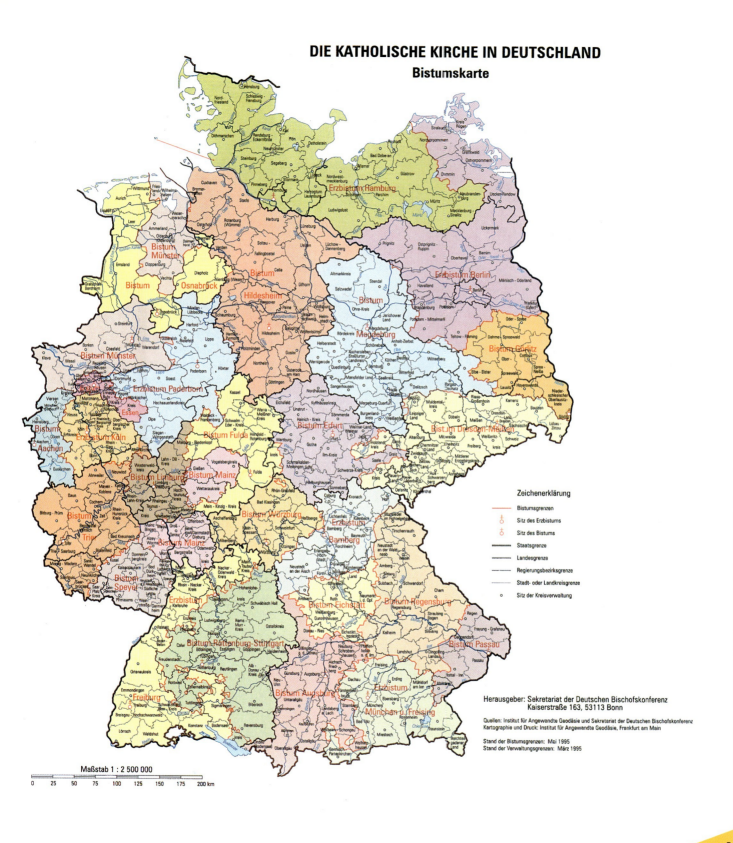

So hat ein Künstler versucht, den einen Gott in drei Personen darzustellen. Deckenfresko aus Urschalling, 14. Jahrhundert (→Dreieinigkeit).

burg, Mainz, München und Freising, Münster, Osnabrück, Paderborn, Passau, Regensburg, Rottenburg-Stuttgart, Speyer, Trier und Würzburg.

Jetzt kannst du bestimmt herausfinden, in welcher Diözese du wohnst!

Dreieinigkeit

Der Glaube an die Dreieinigkeit besagt, dass der eine Gott in drei Personen existiert, im Vater, im Sohn und im Heiligen Geist. Wir dürfen uns aber Gott nicht wie drei einzelne Götter vorstellen. Das Wort Person kommt von *personare* und heißt »hindurchtönen«. Das bedeutet, dass durch jede der drei göttlichen Personen der eine und einzige Gott »hindurchtönt«: der Vater, der die Welt erschaffen hat, der Sohn, der in die Welt gekommen ist, und der Heilige Geist, der die Menschen in ihrem Inneren und in ihrem Tun erfüllt. In jeder »Gestalt« Gottes begegnet uns also der eine Gott.

Gesetz

Gesetze sind von Menschen gemachte rechtliche Bestimmungen, die das Zusammenleben einer Gemeinschaft regeln. Sie gelten dann für alle Menschen dieser Gemeinschaft. Wer gegen sie verstößt, kann angeklagt und bestraft werden. Gesetze werden von den gewählten Volksvertretern beraten und beschlossen. Sie können geändert werden, wenn eine Mehrheit dafür ist und die Minderheit dadurch nicht geschädigt wird.

Symbole der →Dreieinigkeit.

 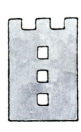 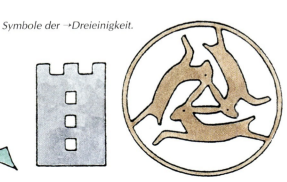

Gewissen

Das Gewissen ist unsere Fähigkeit zu entscheiden, was wir tun sollen oder hätten tun sollen. Das Gewissen urteilt in unserer innersten Mitte, ob eine Tat richtig oder falsch ist. Wir können gegen unser Gewissen handeln und Falsches tun. Dann erfahren wir das Gewissen oft als »schlechtes Gewissen«.

Kinder lernen von Erwachsenen, was sie tun dürfen und was nicht. Auch Gebote und Verbote, die in der Gesellschaft oder in unserem Freundeskreis gelten, beeinflussen die Gewissensbildung. Ebenso sind Weisungen, wie zum Beispiel die Zehn Gebote, Hilfe zur Gewissensbildung.

Das Gewissen weiter zu entwickeln, ist eine lebenslange Aufgabe. Wir können üben, oft in uns zu gehen und auf unser Gewissen zu hören. Wenn wir in unserer innersten Mitte, vor Gott, eine Entscheidung getroffen haben, sollen wir ihr folgen und uns nicht von außen beeinflussen lassen.

Das Wort Gewissen ist ein sehr interessantes Wort: Es ist zusammengesetzt aus *Ge* und *Wissen*. Die Vorsilbe *Ge* zeigt eine Mehrzahl an (denke zum Beispiel an *Ge*stirn = die Menge aller Sterne in einem Sternbild, oder *Ge*schwister = alle Brüder und Schwestern, die zu einer Familie gehören). *Ge*wissen heißt also, dass in dieser tiefsten Mitte des Menschen alle Formen seines Wissens (Überlegungen und Gefühle und tiefes Empfinden ◀85◢) zusammenkommen und ihn zu einer richtigen Entscheidung drängen.

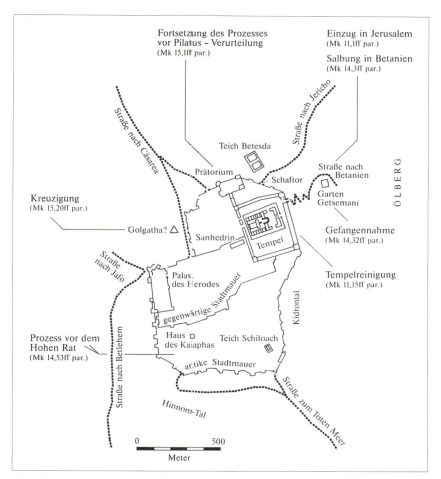

Jerusalem zur Zeit Jesu (→Jerusalem)

Jerusalem

Stadt im heutigen Israel. Ursprünglich gehörte die Stadt Jerusalem den Jebusitern. Seit sie um 1000 v. Chr. von König David erobert wurde, war sie die Hauptstadt der Israeliten. Auch zur Zeit Jesu war Jerusalem die Hauptstadt Palästinas.

Katakomben

Katakomben sind unterirdische Grabanlagen. Der Name geht zurück auf »ad catacumbas«, eine Talsenke bei der Sebastianskatakombe in Rom. Noch vor gar nicht langer Zeit war man der Meinung, dass in den Katakomben nur → Märtyrer bestattet wären. Warum? Wegen einiger Merkmale, die man bei den Gräbern gefunden hat. Wenn zum Beispiel eine Taube oder ein Palmzweig auf die Grabplatte gemalt war, sah man darin ein Zeichen für das Martyrium. Die *Taube* galt als Seelenvogel; ihr leises Gurren erinnerte an die Totenklage. Außerdem war sie Symbol für die Taufe.

Der *Palmzweig* war bei den Römern ein Siegeszeichen; die

Fresko aus der Priscilla- →Katakombe in Rom. Die Taube mit dem Olivenzweig ist ein frühchristliches Symbol für die Auferstehung.

Christen deuteten es als siegreiche Vollendung des Lebens in Gott.

Ein weiteres Merkmal, das als Zeichen für einen gewaltsamen Tod des Verstorbenen galt, waren kleine Fläschchen, die man als »Blutfläschchen« bezeichnete. In Wirklichkeit waren es kleine Gefäße mit Duftstoffen. Wenn man schon die unterirdischen Gräber nicht mit Blumen schmücken konnte, wollte man die Verstorbenen wenigstens mit guten Düften ehren. Im Lauf der Jahrhunderte hat sich der Inhalt der Fläschchen durch Rostbildung rötlich verfärbt; deshalb hielt man ihn für eingetrocknetes Blut. Die Palme und das Blutfläschchen zusammen galten als sicheres Anzeichen für das Martyrium.

Märtyrer

Märtyrer und Märtyrerinnen sind Menschen, die wegen ihrer Überzeugung verfolgt und getötet wurden. Im Christentum werden sie als Glaubenszeug/innen verehrt, weil sie bezeugt haben, dass sie an Gott glauben und Zeugnis für Christus abgelegt haben. Sie taten das, obwohl sie wussten, dass sie damit ihr Leben riskierten.

Schon in altchristlicher Zeit wurden die Märtyrerinnen und Märtyrer um Fürsprache angerufen, man pilgerte an ihre Gräber und erbaute darüber Kapellen und Kirchen. Ihr Todestag wird alljährlich festlich begangen. Daraus hat sich in der Kirche der Heiligenkalender entwickelt.

Messias

Messias bedeutet im Hebräischen »Gesalbter«. In Israel wurden Priester und Könige mit Öl gesalbt und so in ihr Amt eingesetzt. Für das Judentum ist der Messias der Erlöser, auf den sie warten. Die Christinnen und Christen glauben, dass in Jesus Christus der Erlöser schon erschienen ist. Das griechische Wort für Messias ist *Christus*.

Mythos

(Mehrzahl: Mythen)

Ein Mythos ist eine Erzählung, die die Taten von Göttern, Helden oder anderen Urgestalten aus ferner Vergangenheit überliefert. Der Mythos ist mit Sage und Märchen verwandt. Auch wenn er nicht von tatsächlichen Ereignissen berichtet, so erzählt er doch von Wahrheiten, die ein Volk nicht vergessen will, weil sie für die Geschichte des Volkes, für seinen Glauben und für das Zusammenleben der Menschen wichtig sind.

Im → Alten Orient zum Beispiel wurden die Naturkräfte wie Sonne, Regen oder Sturm als Götter dargestellt. Je nachdem, ob diese Naturkräfte den Menschen nutzten oder schadeten, waren die Götter gut oder böse. Die guten Götter kämpften gegen die bösen Götter, um den Menschen zu helfen und Leben auf der Erde möglich zu machen.

Mythen erzählen auch, wie sich ein Volk die Entstehung der Menschen vorstellt oder wie ein

Volk sich erklärt, woher Gut und Böse kommen.

Im Mythos wird eine zeitlose Wahrheit in zeitgebundenen Bildern ausgedrückt.

Es gibt auch »moderne Mythen«, zum Beispiel in Fernseh- oder Kinofilmen. Die Helden kämpfen gegen das Böse in der Welt und siegen – oft nach zwei vergeblichen Versuchen – beim dritten Mal.

Alter Orient

Mit dem Begriff der Alte Orient bezeichnet man heute die Kulturen und die Länder an den Flüssen Euphrat und Tigris und im östlichen Mittelmeerraum. Die Zeit des Alten Orients reicht von 3000 v. Chr. bis ca. 300 v. Chr.

In diesen Ländern entstanden große *Stadtstaaten*, weil sich immer mehr Menschen zusammenschlossen, die allein nicht genügend Nahrung sammeln und kleine Felder bestellen konnten, um sich zu ernähren. In gemeinsamer Arbeit begannen sie, sich die Natur nutzbar zu machen, und sicherten so ihr Überleben. Die Stadtstaaten entwickelten sich später zu großen Reichen mit blühendem Handel und großartiger Kultur.

Das Land Mesopotamien an Euphrat und Tigris wurde im Laufe der Geschichte von den Sumerern, Babyloniern, Assyrern, Chaldäern, Neubabyloniern und Persern beherrscht.

Im Alten Orient entwickelten die Phönikier, die im heutigen Libanon lebten, eine *Schrift*, die die Grundlage aller europäischen Schriften bildet.

Die *Israeliten*, die aus dem Land Ägypten nach Kanaan, das

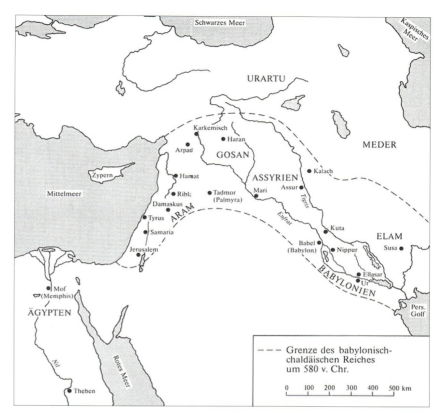

Die Länder des alten Orients, hier mit den eingezeichneten Grenzen des Babylonischen Reiches um 580 v. Chr. Kannst du die Flüsse Euphrat und Tigris finden, die der Region Fruchtbarkeit und Reichtum brachten? (→Alter Orient).

später Palästina genannt wurde, einwanderten, bildeten im Vergleich zu den übrigen Völkern des Alten Orients erst spät ein großes Reich. Um 1000 v. Chr. eroberte König David die Stadt → Jerusalem und machte sie zur Hauptstadt. Nach der Regierungszeit seines Sohnes Salomon zerfiel das Reich und wurde in einen nördlichen Teil Israel und einen südlichen Teil Juda aufgeteilt.

Neu-Israel wurde 721 v. Chr. von den Assyrern unterworfen.

Im Jahre 586 v. Chr. eroberten die Neubabylonier Juda und verschleppten fast die gesamte Bevölkerung aus dem Land in die Babylonische Gefangenschaft ◂68 .

Palästina

Das griechische Wort *Palästina* wurde von Philistina (= Land der Philister) abgeleitet. Palästina war zur Zeit der römischen Besatzung der Name für das Land, in dem Jesus und seine Leute lebten.

Pessach

Das Wort stammt aus dem Hebräischen und bedeutet »überspringen«, »verschonen«, »vorübergehen«.

Ursprünglich war Pessach ein Frühlingsfest der orientalischen

Palästina zur Zeit des Neuen Testaments, unter Herodes dem Großen und seinen Söhnen (→Palästina).

Hirten, bei dem ein einjähriges männliches Lamm als erstes Opfer des Jahres geschlachtet wurde. Sein Blut wurde an die Zeltpfosten gestrichen, damit Gott die Menschen vor dem Bösen »verschont«.

Im Alten Testament erhielt das Fest durch die Erinnerung an den Auszug aus Ägypten einen neuen Sinn. Es sollte daran erinnern, dass der Engel des Herrn an den Türen der Israeliten vorübergegangen ist und ihre Erstgeborenen verschont hat (vgl. Ex 12,1-14).

Im Neuen Testament feiert Jesus mit seinen Jüngern am Abend vor seinem Leiden das Pessachmahl. Die Christen sehen darin den Anfang der Eucharistie.

Pharao

So wurde der König im alten Ägypten genannt. Das Wort bezeichnete zuerst den Königspalast (*per ao* = königliches Haus). In der Bibel wurde es später der Titel für den König selbst.

Prophet/in

Heute werden Menschen Propheten genannt, wenn sie über ein außerordentliches Wissen verfügen und dadurch zukünftige Ereignisse vorhersagen, etwas prophezeien können. Das ist aber nicht ihre wichtigste Aufgabe. *Prophezeien* kommt aus dem Griechischen und bedeutet so viel wie »offen heraus erklären, öffentlich bekannt machen«. Propheten sagen etwas vor allen Leuten, in aller Öffentlichkeit: auch das, was den Leuten und vor allem den Mächtigen nicht gefällt. Darum sind Propheten oft unbequeme Zeitgenossen (gewesen). Sie sehen und hören vieles, was andere übersehen, überhören oder vertuschen wollen. Ihr Protest führte häufig dazu, dass sie verfolgt wurden. Du kannst dir vorstellen, dass sie unter ihrer Aufgabe auch gelitten haben, Angst bekamen, an sich selbst zweifelten und vor ihrer Aufgabe davonlaufen wollten, so wie zum Beispiel Elija.

Rabbi

In Rabbi ist das hebräische Wort *rab* (= groß) enthalten. Als groß galten zur Zeit Jesu diejenigen Männer, die das Gesetz kannten und auslegen konnten. Ein solcher Gesetzeslehrer wurde deshalb Rabbi genannt. Auch Jesus wurde mit diesem Titel angeredet.

Sabbat

Das Wort *Sabbat* bezeichnet den wöchentlichen Ruhetag der Juden. Der Sabbat beginnt am Freitag mit dem Sonnenuntergang, dann begrüßt die Hausfrau ihn mit einem Segen, den sie im Kreis der Familie über dem Sabbatleuchter spricht. Der Sabbat endet mit dem Sonnenuntergang am Samstag.

Zuerst war der Sabbat nur ein Ruhetag. Die Jüdinnen und Juden, aber auch die andersgläubigen Menschen und die Knechte und Mägde in ihren Häusern, ja sogar das Vieh sollten ausruhen und sich erholen.

Im Laufe der Zeit wurde aus dem Ruhetag ein Festtag. Zur Zeit des Babylonischen Exils (→ Alter Orient) brachte man den Sabbat in Verbindung mit der Schöpfungsgeschichte:

Nachdem Gott die Welt erschaffen hatte, ruhte er am siebten Tag. So sollten auch die Jüdinnen und Juden Zeit haben, miteinander zu essen und zu feiern, sich an die Geschichte ihres Volkes mit Gott zu erinnern und für die Fürsorge Gottes zu danken.

Um dafür wirklich frei zu sein, wird das Essen am vorhergehenden Tag vorbereitet und jeder Weg, der länger als ein Kilometer ist, ist verboten.

Im *Neuen Testament* lehrt der Jude Jesus, dass das Liebesgebot über dem Sabbatgebot steht.

Das *Christentum* hat diesen

Die ägyptischen Herrscher Echnaton, Nofretete und ihre Tochter beim Opfer vor dem Sonnengott Aton (→Pharao).

freien Tag vom Judentum übernommen und bewahrt. Der *Sonntag* als erster Tag der Woche, an dem die Christen die Auferstehung Jesu feiern, zeigt: Mit der Liebe Gottes kann die Woche gut beginnen. Das Leben besteht nicht nur aus Arbeit; es gibt Wichtigeres. Einmal in der Woche soll Zeit sein, sich daran zu erinnern und dafür zu danken.

Schutzpatron/in

Eine Schutzpatronin oder ein Schutzpatron sind Heilige, die als Beschützer einer Kirche oder einer ganzen → Diözese verehrt werden. Ihr Schutz wird aber zum Beispiel auch für ein Schiff erbeten. Außerdem werden sie in verschiedenen Lebenssituationen um Schutz angerufen.

Stele

Eine Stele ist ein aufgerichteter, frei stehender Steinblock, der oft mit einer bildlichen Darstellung oder einer Inschrift versehen ist. *Stele* ist griechisch und heißt »die Säule«.

Im Altertum stellte man Stelen auf zur Erinnerung an einen Sieg, als Weihegeschenk für Gottheiten oder als Grabmäler.

Im Alten Testament wird erzählt, dass Moses zur Erinnerung an den Bund mit Gott 12 Stelen aufgestellt hat (vgl. Ex 24,4).

Wenn jemand in Kriegszeiten seine Feinde demütigen wollte, hat er versucht, ihre Stelen zu zerstören.

Urgemeinde

Als Urgemeinde bezeichnet man die älteste Gemeinde in Jerusalem und auch die anderen frühen Gemeinden in → Palästina. Im Mittelpunkt des Lebens dieser frühen Jesusgemeinschaften standen das Gebet, die Feier der Eucharistie und der Dienst an den Armen.

Biblische Zitate

Auf den *kursiv* angegebenen Seiten wird der Bibeltext zitiert; ansonsten auf ihn verwiesen.

Altes Testament

Ex 1,8-2,1-10	*60, 64*	Ijob 6,13	60	
Ex 1,15-22	70			
Ex 2,11-22	64	Ps 1,1-3	104	
Ex 3 - 4,1-17	21, *65*	Ps 18	72	
Ex 12,1-14	116	Ps 36	*82*	
Ex 14	68	Ps 41,3	*94*	
Ex 15,20-21	66	Ps 42,2-3	*94*	
Ex 19 und 20	71	Ps 69,2	*94*	
Ex 20,1-17	75	Ps 124	61	
Ex 20,4	*8 f., 20*			
Ex 24,1-11	110	Koh 3,1-8	46	
Ex 24,4	117			
Ex 32	20	Jes 46,4	9	
Ex 34,6	15			
		Hos 11,40	15	
Dtn 32,11	15			
1 Kön 19,1-13	11, *14*			
1 Kön 21	21			

Neues Testament

Mt 3,13-17	104	Apg 4,32-37	28
Mt 7,7	15	Apg 6,1-7	26
Mt 7,12	*80*	Apg 7,51-60	26
Mt 22,36-39	*80*	Apg 9,1-31	28
Mt 28,1-8	26	Apg 11,26	38
		Apg 15,19-20	38
Mk 2,13-17	15, 104		
		Röm 10,9-10	*30*
Lk 9,10-17	04		
Lk 14,15-24	15	1 Kor 1,10-13	28
Lk 22,19	103		
Lk 22,25-27	*80*	Gal 1,13-20	28
Lk 24,13-35	103	Gal 1,23	*28*
Joh 4,1-14	104	1 Thess 5,12-22	28
Joh 10,9	*101*		
Joh 14,9	15	1 Joh 4,8	*8*
Apg 2,1-42	26	Offb 3,8	*92*
Apg 2,44-46	*28*		

Stichwortregister

Die *kursiven* Ziffern bezeichnen Seiten, auf denen sich Bilder, Fotos oder Cartoons zum Thema befinden.

Befreiung und Rettung 59 –71, *59*, 66, *67*, 68 f., 72

Diözesanpatron/in 24, 25, 26, *34, 35, 39*, 110, 117

Dreieinigkeit *18 f.*, 112

Freizeit/Hobby 44 f., 49, *50 f., 54 f.*, 58

Gewissen(sbildung) 82 f., *84 f.*, 86, 113

Glaubensbekenntnis 11, 17, 22, 30, 40, 86, 113, 114

Gottesbilder 8 – 22, *33, 34*, 65, *81*

Gottes- und Nächstenliebe 80, *81*

Kloster 24, 27, *36 f.*, 39

Mädchen und Junge *76 f.*, 78, *79*, 85

Medien 45, *50 f.*, 52 f., 54, *57*, 104, 106

Meditation, Gebet, Lied *12 f.*, 16, 17, 18, 21, 22, 40, 43, 46, *60 f.*, 61, 63, 66, 72, 74 f., 82, 86, *94*, 97

Mirjam 66

Moses 61 f., 64 f.

Pessach 64, *65*, 116

Paulus 28, *29*, 38

Sakramente 35, 95, 97, *102 f.*, 104

Symbole 87 – 104, *88 f., 100 f.*, 104

Wahrnehmung 8 f., *47*, 48, 56, 90, 100

Werte, Normen, Gesetze 74 f., 78 f., 83, *84 f.*, *106, 107*, 109, 113

Zeit 41 – 58

Text- und Bildnachweis

Sofern nicht anders vermerkt, sind die biblischen Texte in der Einheitsübersetzung der Heiligen Schrift zitiert. © Katholische Bibelanstalt, Stuttgart. – Alle nicht gekennzeichneten Beiträge dieses Buches stammen von den Autorinnen und Autoren, der Herausgeberin oder dem Herausgeber und sind als solche urheberrechtlich geschützt.

7	Rupprecht Geiger, »638/72«. Öl auf Leinwand, 1972, 200 x 205 cm, © Diözesanmuseum Freising. In: Katalog Gottesbild – Bilder des Unsichtbaren, Regensburg 1997, S. 143 (dort mit anderem Titel angegeben)
8	In: Karl E. Nipkow, Erwachsenwerden ohne Gott? Gütersloher Verlag, Gütersloh 51997
8/9	nach: Leo Lionni, Fisch ist Fisch, Middelhauve Verlag, München 1997
9	In: Karl E. Nipkow, Erwachsenwerden ohne Gott? Gütersloher Verlag, Gütersloh 51997 – Zitat Karl Rahner: Quelle unbekannt – Zitat Friedrich Bonhoeffer: Quelle unbekannt – Eric Marshall/ Stuart Hample (Hg.), Children's Letters to God/More children's Letters to God. Übers. von Gerhard Timmer, Gütersloh 1991, GTB 914, o.S.
11	© Richard und Uli-Seewald-Stiftung, Ascona
12	In: S. Kilian, Kinderkram. Kinder-Gedanken-Buch © Beltz, Weinheim/Basel 1987
13	© Richard und Uli-Seewald-Stiftung, Ascona
16	Gebet der Jona-Gemeinschaft, Schottland (ohne 2. Strophe). In: Ich werde meinen Geist ausgießen. The Oecumenical Decade of the Churches in Solidarity with Women 1988-1998, ÖRK, Genf 1993, S. 40 f.
17	© Lucy Krone-Souza, Schulstr. 41, 65594 Runkel-Steeden – Lied: T: Christa Peikert-Flaspöhler/ M: Reinhard Horn © Kontakte Musikverlag, Lippstadt
18	In: Werner Schäube, Herders Hausbuch der Gebete, Freiburg 1991, S. 87 f. – Schlussstein im ehem. Zisterzienserkloster Hardehausen. Foto: Josef Mense, Kassel – Schlussstein im Kreuzgang im Dom zu Fritzlar, Foto: Josef Mense, Kassel – ebd., Foto: Josef Mense, Kassel – In: Otto Betz, Hildegard von Bingen, Kösel-Verlag, München 1996
19	Miniatur aus dem Codex latinus in der Bibliotheca governatica, Lucca
20/21	Kösel-Archiv – Kösel-Archiv (2) – T: Rolf Krenzer, M: Ludger Edelkötter © Impulse Musikverlag, Drensteinfurt
22	traditionell – T: Rolf Krenzer, M: Ludger Edelkötter, © Impulse Musikverlag, Drensteinfurt
23	Hl. Petrus und Hl. Pudentiana, Mosaik in der Apsis, 9. Jh., Basilika di Santa Prassede, Rom, Kösel-Archiv
24	Abb. Mitte l.: Württembergische Landesbibliothek Stuttgart, Cod hist. fol 415. In: Martha Schad, Afra. Bilder einer Heiligen. St. Ulrich Verlag, Augsburg 1993, S. 10 – Foto u.l. © Claudia Lueg, München – Kösel-Archiv (5)
25/26	Kösel-Archiv (5) – Kösel-Archiv
27	In: Kunstführer Nr. 360, 191974 (Rückseite), Schnell & Steiner Verlag. Foto: Gerhard Klammet, Ohlstadt (Luftbild Rg. v. Obb. G 43/156) – Kösel-Archiv
29	M. Caravaggio, Die Bekehrung des Paulus, 1601, für Santa Maria del Popolo. In: R. Longhi, Caravaggio, Rom 1968, Abb. 5455
30/31	In: Sandro Carletti, Führer durch die Priscilla-Katakombe, dt. Ausgabe übersetzt von Josef Fink, Fotos: Avincenzo Biolghini, Päpstliche Kommission für christliche Archäologie, Vatikanstadt 1980, S. 31 – ebd. S. 48 – ebd. S. 18 – ebd. S.10
33	Staatliche Münzsammlung, München, Kösel-Archiv – Kösel-Archiv
34	Kösel- Archiv – Rheinisches Landesmuseum, Bonn, Kösel-Archiv – Bayerische Staatsbibliothek, München, Kösel-Archiv – Universitätsbibliothek Heidelberg, Kösel-Archiv
35	Kösel-Archiv – In: Katalog: Die Bajuwaren, Von Severin bis Tassilo. Gemeinsame Landesausstellung des Freistaates Bayern und Österreich, Rosenheim/Mattsee vom 19.5. - 6.11.1988, Abb. 189 – Die Emmeram-Skulptur gehört zu den ältesten Steinbildern Süddeutschlands aus romanischer Zeit, Foto: Bernhard Gietl – Kösel-Archiv
38/39	Relief von einem Elfenbeinkästchen, um 420, British Museum London. In: Roland König, Große Illustrierte Kirchengeschichte, Verlag Herder, Freiburg 1992 – Kösel-Archiv (2)
40	T: Dom Helder Camara, M: Ludger Edelkötter, © Impulse Musikverlag, Drensteinfurt – Heinrich Böll: Quelle nicht zu rekonstruieren
41	Ingrid Pape, Zeigerlose Uhr mit Maske. Öl auf Lw., 1986, 80 x 110 cm, Privatbesitz, © Kunstdienst der Ev. Kirche, Berlin
42	Cartoon: Glück – Erich Fried, In: Klaus Wagenbach Verlag, Berlin
43	Aliki, Gefühle sind wie Farben, 1987 Beltz Verlag, Weinheim und Basel, Programm Beltz & Gelberg, Weinheim, S. 22 – Filmszene aus »Moderne Zeiten«, Buch und Regie: Charles Chaplin © AKG, Berlin
45	T/M: Walter R. Ritter. In: C. Hojenski/B. Hübner/R. Hundrup/M. Meyer (Hg.), Meine Seele sieht das Land der Freiheit. Feministische Liturgien. Modelle für die Praxis, Rex Verlag, Luzern 1990, S. 264
48	In: Kinderkram, Beltz & Gelberg, Weinheim/Basel 1987
49	© VG Bild-Kunst, Bonn 1998
50	In: Eva Bilstein/Annette Voigt, Ich lebe viel. Materialien zur Suchtprävention, Verlag an der Ruhr 1991, S. 12
51	In: Ursula Enders/Dorothee Wolters, Lilole Eigensinn. Ein Bilderbuch über die eigenen Sinne und Gefühle, Anrich Verlag, Weinheim 1984, S. 6 – nach: Frank Tonat, Computerleben. In: Hungrig nach starken Gefühlen. Hg. Gerhard-Hauptmann-Schule, Springe/Geschwister-Scholl-Schule, Hildesheim/Haupt- und Realschule mit Orientierungsstufe Wennigsen, Westermann, Braunschweig 1994 (leicht verändert)

52	Schülerzeitung der Guardini-Hauptschule München: Guardini-Planet, Schuljahr 1996/97, S. 28 f.
53	Bravo Girl!, März 1997, Bauer Verlag, München
56	In: Biemer, Günter/Tzscheetsch, Werner, Verletzungen. Ein Protest- und Trostbuch. Herder, Freiburg 1992, S. 61
58	Amode S. 46, 47, 54; Aliki S. 43
59	Von Jugendlichen gestaltetes Altarbild (2 x 1 m) in einem Dorf für arme Jugendliche in Osorno, Chile
60/61	Kösel-Archiv – Foto: AP – Sabrina Setlur, CD Die neue S-Klasse © Polygram Songs Musikverlag, Hamburg – Albanische Kinder haben im Flüchtlingslager Brazda/Makedonien ihre Erlebnisse aufgemalt. Foto: Daniel Biskup, Augsburg © laif Agentur, Köln – In: Paul Reding, Nebenan ist Jericho, Butzon & Bercker, Kevelaer 1976, S. 44
62	Ägyptisches Museum, Kairo © G. Dagli Orti, Paris – Kösel-Archiv
63	© Kösel-Verlag – Lied: traditionell – Foto und Interview: mit freundlicher Genehmigung der Pelham GmbH, Frankfurt
66	© Claudia Mitscha-Eibl
67	Thomas Zacharias, Durchzug durchs Schildmeer, Farbholzschnitt 1967 © Kösel-Verlag, München
68	Kösel-Archiv
69	Kösel-Archiv (2)
70	In: Welt und Umwelt der Bibel, S. 5 © Henri Stierlin, Genf – In: Altorientalische Texte zum AT, Hg. Hugo Gressmann, Verlag Walter de Gruyter und Co., Berlin/ Leipzig 21926, S. 52 - 53
72	Illustration: Annegert Fuchshuber. In: Walter Laubi/Annegert Fuchshuber, Kinderbibel, Verlag Ernst Kaufmann, Lahr 1992, S. 218 – In: Sonnenstrahlengleich. Lyrische Texte von Frauen für Frauen, Klens, Düsseldorf 1997, S. 96 – Foto: Klaus Meyer-Andersen © Gruner & Jahr, Hamburg
73	Antoni Puig Tàpies, Spuren auf weißem Grund, 1965 © VG Bild-Kunst, Bonn 1998
74	In: Ingrid Leitner, Juden, Ketzer, Frauen, Kinder, Benachteiligte und Verfolgte. Hörbild, Radio-Revue 1987/88 – © Claudia Mitscha-Eibl
76	Fotos: Christofer Stock, Emmering
77	Foto: Christofer Stock, Emmering
78	In: Manfred Grunnert (Hg.), Katjenka. Russische Kindergeschichten. Eugen Diederichs Verlag, Düsseldorf 1962
79	Die freie Frau. Skulptur, weißer Marmor, vor dem Internationalen Zentrum der United Nations, Wien. Foto: R. Henke, Wien
81	Bemaltes Holz: Fußwaschung, älteste romanische Kirchendecke, 1130, St. Martin in Zillis, Graubünden/Schweiz
83	Dilemmageschichten nach Lawrence Kohlberg
84	© Marie Marcks
86	Lied: T: Hans-Jürgen Netz, M: Christoph Lehmann. In: Exodus 1979 © tvd-Verlag, Düsseldorf – Zitat S.J. Lec. In: Bernhard Sill, Phänomen Gewissen, Benno/Bernward/Morus, Hildesheim 1994
87	Zerbrochene Schale / Symbolon, Foto: Diane Weber, München
88/89	Foto: © Daniel Biskup, Augsburg – Foto: © Daniel Biskup, Augsburg
91	Fotos: Christofer Stock, Emmering
92	In: Vorlesebuch »Symbole«. Geschichten zu biblischen Bildwörtern, Verlage Kaufmann/Patmos, Lahr/Düsseldorf 1989, S. 192-194 (gekürzt) – In: Materialbrief Folien 3/ 93, DKV, S. 14
93	Georgia O'Keeffe, Im Patio I, 1946, Öl auf Leinwand, auf Karton gezogen, San Diego Museum of Art © VG Bild-Kunst, Bonn 1998
94	Georgia O'Keeffe, Blau, Schwarz und Grau, 1960, Öl auf Leinwand, © VG Bild-Kunst, Bonn 1998
95	L. Cauer, Durstdenkmal in Bad Kreuznach. Foto: Ute Hinze, Göttingen
96	Foto: Brigitte Zein-Schumacher, Arnsberg – Michel de Castillo, Brot, Orangen, Schokolade. In: H. Halbfas, Das Menschenhaus, Patmos, Düsseldorf 1972, S. 50 (gekürzt und frei nacherzählt)
97	© Sieger Köder, Das Mahl mit den Sündern – In: H. Halbfas; Religionsbuch für das 5./6. Schuljahr, Patmos, Düsseldorf 1989, S. 248
98	In: Franz Kett, Regina Schmidt, Gabriele Frison (Hg.), Christophorus. Bilderbuch zur Legende, RPA Verlag religionspädagogische Arbeitshilfen, Landshut 1985
99	Paul Klee, Haupt- und Nebenwege, 1929, Öl auf Leinwand, Wallraff-Richartz-Museum Köln, © VG Bild-Kunst, Bonn 1998
100	In: Antoine de Saint Exupery, Der Kleine Prinz, © 1950 und 1998 Karl Rauch Verlag, Düsseldorf
101	Fresko mit dem Fisch-Symbol aus der Kallisto-Katakombe bei Rom, Anfang 3. Jh., Kösel-Archiv – Kirchenführer St. Martin Landshut, Verlag Schnell und Steiner, München/Zürich 61978, Umschlagseite
102	Foto: Christofer Stock, Emmering
103	Sammlung Maud Pohlmeyer, In: R. Vossen u.a., Ostereier, Osterbräuche, Christians Verlag, Hamburg 61995, Tafel 11
110/111	© Erzdiözese München und Freising – Karte: Sekretariat der Dt. Bischofskonferenz, Bonn
112	Kösel-Archiv (2)
113	In: Freudenberg, Hans/Goßmann, Klaus, Sachwissen Religion, Vandenhoeck & Ruprecht, Göttingen 1988, S. 257
114/115	Kösel-Archiv – wie 113, S. 254
116/117	ebd. S. 256 – Kösel-Archiv